Conócete más
para liderar mejor

Conócete más para liderar mejor

CLAVES PARA EJERCER UN LIDERAZGO EFECTIVO

MARGARET C. ANDREWS

Traducción de Mariano Ezequiel Rodríguez

EMPRESA ACTIVA

Argentina – Chile – Colombia – España
Estados Unidos – México – Perú – Uruguay

Título original: *Manage Yourself To Lead Others*
Editor original: Basic Venture, un sello de Hachette Book Group, Inc.
Traductor: Mariano Ezequiel Rodríguez

1.ª edición: febrero 2026

ISBN: 978-84-18308-28-4
E-ISBN: 979-13-87899-30-1
Depósito legal: M-26.878-2025

Fotocomposición: Urano World Spain, S.A.U.

Impreso por: Liberdúplex, S.L. – Ctra. BV 2249 Km 7,4
Polígono Industrial Torrentfondo – 08791 Sant Llorenç d'Hortons (Barcelona)

Impreso en España – *Printed in Spain*

Para mis estudiantes,
los participantes del programa y los lectores

Índice

PARTE CUATRO
Liderar a largo plazo

Introducción

Cuando el talento, el trabajo duro
y las buenas intenciones no son suficiente

James levantó la mano. Era la primera vez que lo hacía en los dos días que duraba el programa para ejecutivos.

En el momento en que lo hizo, concluíamos el debate sobre el caso de Ron Ventura, un neurocirujano de gran talento con unas muy malas habilidades interpersonales. El debate, planteado desde la perspectiva de su jefe —el administrador del hospital—, se centraba en qué hacer con este brillante empleado que realizaba su trabajo a la perfección, cuyo talento había mejorado la reputación del centro y que, además, había logrado aumentar el número de pacientes que acudían a él. Sin embargo, este mismo cirujano estaba sembrando el caos en el quirófano y en toda la estructura: daba órdenes a gritos, acosaba e intimidaba a los demás y, en general, pasaba por encima de todo el mundo. Durante el corto periodo del doctor Ventura en el equipo, el hospital había cosechado los frutos de sus habilidades quirúrgicas en forma de mayores ingresos y beneficios. Sin embargo, el centro también había pagado un precio por el comportamiento del doctor: una mayor deserción de empleados, el deterioro de la cultura de trabajo en equipo, un desplome de la moral y una posible demanda jurídica.

Poniéndonos en los zapatos de su jefe, nos preguntábamos si debíamos mantener al doctor Ventura e intentar formarlo para conservar sus habilidades quirúrgicas y su potencial para generar ingresos, o rescindir su contrato porque estaba haciendo que los profesionales más valiosos se marcharan y creando un ambiente de trabajo tóxico para los que se quedaban. Fue un debate intenso, con argumentos vehementes y sólidos por ambas partes.

Fue entonces cuando vi la mano de James en alto.

—Yo soy el doctor Ventura —dijo desde la última fila. Todos en la sala oyeron su comentario y, en silencio y al unísono, se giraron hacia él. La sala entera estaba pendiente de sus palabras—. No soy el doctor Ventura de verdad, por supuesto, porque no soy cirujano —dijo con una media sonrisa—. Soy ingeniero, pero perfectamente podría ser el protagonista de esa historia. Se me da muy bien mi trabajo, pero, al igual que el Dr. Ventura, he sido un pésimo jefe y compañero. De hecho, por eso acudí a este programa: necesito aprender a ser un buen líder. Si no lo consigo, es probable que me despidan. Analizar este caso y escuchar el debate ha sido profundamente revelador. Ahora entiendo cómo ven los demás mi comportamiento y, sinceramente, me horroriza la imagen que proyecto. Hace poco me denegaron un ascenso, y ahora entiendo por qué.

Cada clase y programa para ejecutivos que he impartido y cada público al que me he dirigido ha incluido a gente como James. Sus trayectorias, éxitos y reveses son diferentes, pero muchos comparten un denominador común. Lo que les ha funcionado durante toda su carrera, un día, deja de servirles. Algo no va bien. Han trabajado duro y han tenido éxito, pero en la actualidad se sienten a la deriva. Inquietos. Atascados. Dando vueltas y vueltas sin avanzar. Dejados de lado. Ignorados. Frustrados. Estas son las palabras y adjetivos que muchas personas comparten conmigo en privado, pero James tuvo el valor de expresarlas en voz alta. Y sus palabras resonaron en casi todos los presentes.

Lo que le pasaba a James, aunque él lo viviera como algo único, es una historia que se repite con frecuencia entre directivos inteligentes, ambiciosos y totalmente enfocados en su carrera. Todos tenemos esa energía, ese empuje y esa férrea ética de trabajo que nos catapultaron al éxito inicial. Sin embargo, al ascender a puestos de mayor responsabilidad, esa ética de trabajo, ese empuje y esa disposición a hacer «lo que fuera necesario» para triunfar, de repente, ya no eran suficientes. La definición de efectuar un gran trabajo ha cambiado radicalmente, porque nuestra labor se realiza cada vez más en colaboración con, y a través de, otras personas. Y ese es un partido que no todos sabemos jugar, con reglas diferentes y donde no todos nos llevamos un trofeo.

Muchos profesionales del mundo de la empresa, expertos técnicos y líderes del ejército, del gobierno y de organizaciones sin ánimo de lucro me confían que, aunque son muy buenos en lo que hacen, no se sienten capaces de dirigir a otras personas. Asistimos a una nueva forma de trabajar, y lo que está en juego es realmente importante. La educación y formación de personas como James se centraron en las «habilidades duras» necesarias para destacar en su trabajo, y ahora que dirigen el proyecto, el equipo, el laboratorio, la unidad o la empresa, se dan cuenta de que necesitan un conjunto de destrezas diferente. Ya no pueden depender «solo» de su inteligencia, su empuje y sus buenas intenciones. Saben que necesitan conocimientos de liderazgo. Lo que a menudo desconocen es que también necesitan algo más.

Hemos recibido buenos consejos, aunque incompletos

Cuando notamos que, sin resultados, damos vueltas en círculo y que nuestras antiguas formas de trabajar ya no funcionan, tiene sentido que queramos aprender más sobre liderazgo. En estos casos, lo que buscamos es, por lo general, mejorar nuestras prácticas para ser más productivos, gestionar mejor el tiempo, dirigir reuniones, negociar acuerdos, establecer prioridades o desarrollar una presencia ejecutiva. Los consejos de este estilo pueden ser muy útiles y darnos la tranquilidad de pensar que hay una forma «correcta» de liderar, pero no profundizan lo suficiente. Pero no existe una solución mágica, y tampoco una forma precisa ni una única respuesta válida.

Llega un punto en nuestra carrera en el que lo que hemos hecho en el pasado ya no funciona: nuestra inteligencia, nuestra ética de trabajo y nuestra generosidad de espíritu ya no son suficientes, y los consejos, trucos y atajos que hemos aprendido pueden sernos útiles, pero no bastan. Necesitamos un nuevo enfoque.

Esta es la verdad: el talento, la pericia, el trabajo duro y las buenas intenciones no son suficientes. Un liderazgo potente, convincente y sostenible empieza por comprendernos y dirigirnos a nosotros mismos. Es algo que se construye de dentro hacia fuera. Para liderar a los demás, primero necesitamos autogestionarnos.

En última instancia, el liderazgo trata sobre las relaciones: nuestra relación con nosotros mismos y nuestra relación con aquellos a quienes lideramos. Cuando no comprendemos quiénes somos, no podemos gestionarnos para convertirnos en el líder que queremos, ese líder que solo nosotros podemos llegar a ser. Un terrible potencial desperdiciado. Si no nos entendemos a nosotros mismos, es difícil entender a los demás, lo que a su vez complica la tarea de motivar a otros hacia un objetivo común y ayudarlos a desarrollarse para que se conviertan en ese líder que solo ellos lograrán ser. Y eso supone un desperdicio aún mayor. Un liderazgo potente y eficaz hace lo contrario: libera y expande el potencial tanto de nosotros mismos como de los demás, pero todo empieza por la comprensión de uno mismo.

Algunas personas creen que dedicar tiempo a comprenderse es un acto autocomplaciente e interesado, o que el liderazgo consiste en dirigir a otros y que es ahí donde deberíamos enfocarnos. Lo que en realidad buscan son atajos y trucos. Comprendernos y orientar nuestro «yo» hacia la persona que queremos ser es el mejor truco. Y también el mejor atajo. Y no es una acción interesada. Es un acto de amabilidad, hacia nosotros y hacia los demás. Nos ayuda a acercarnos a lo que de verdad deseamos en nuestra vida laboral y en nuestra vida en general. Nos ayuda a clarificar nuestros objetivos, a tener los pies sobre la tierra, a asumir nuestro poder, a forjar conexiones, a construir equipos sólidos, a dirigir a otros hacia un objetivo común, a resolver problemas de forma más integral y creativa, y, en definitiva, a lograr mejores resultados. Es el superpoder definitivo.

Son conceptos sencillos y directos, pero que pueden ser engañosamente difíciles de poner en práctica. No es fácil desarrollar el autoconocimiento, pero es la base de todo liderazgo con poder y consistencia. Una vez adquirida esta autocomprensión, podemos gestionarnos a nosotros mismos y empezar a entender mejor a los demás, lo que se traduce en una mayor capacidad de liderar.

A menudo, la gente se me acerca durante los descansos de un programa o después de una clase para intentar entender mejor su situación o sus circunstancias. Son personas bienintencionadas, profesionales dedicados y expertos en su campo, pero algo no termina de encajar. No logran avanzar. No encuentran inspiración, se sienten inquietos o estancados, y piensan que son los únicos en esa situación. No es así. Lo que pueden sentir como algo muy personal, y quizás incluso vergonzoso, es en realidad bastante común. Todos lo hemos pensado alguna vez: «Esto solo me pasa a mí». Pero eso, claro, no es verdad.

Yo también pasé por eso

Lo que dijo James resonó no solo en quienes lo rodeaban, sino también en mí: yo también había tenido mi «momento James». Sucedió cuando mi jefe, Frank, pronunció esta breve frase:

—No eres consciente de lo que haces y dices.

Me quedé en completo silencio mientras Frank me explicaba que, aunque apreciaba los increíbles resultados que había conseguido, no le gustaba mi estilo de liderazgo. En resumen, me dijo que era demasiado ambiciosa y exigente, que me preocupaba más por el trabajo que por las personas que lo hacían, y que eso no me permitía entender cómo mis comportamientos afectaban a los demás.

Al principio, resté importancia a las palabras de Frank porque no tenían sentido. Venía de una exitosa carrera como contable en el ámbito público, ejecutiva de *marketing*, administradora académica y consultora estratégica. Antes de la llegada de Frank, había recibido múltiples y rápidos ascensos y superado los objetivos en cada nuevo nivel. Fui una de las personas más jóvenes en ocupar el puesto y solo reunía elogios por el trabajo que había realizado hasta la fecha. A lo largo de toda mi carrera, nadie me había dicho nunca nada remotamente parecido.

Pero lo peor era que Frank no se equivocaba.

Yo tenía buenas habilidades estratégicas y operativas, pero podía ser un poco «brusca», lo que significaba que algunas de mis habilidades interpersonales no funcionaban bien. Trabajaba muchísimas horas y podía ser intensa y exigente. Lo admito: a veces me costaba entender las perspectivas de otras personas. Mis respuestas eran poco sensibles, lo que hacía que algunos miembros de mi equipo se sintieran poco valorados e incluso ansiosos. Además, la relación con mi superior no era precisamente buena.

Frank había asumido el cargo cuando se jubiló mi anterior jefe, una de las mejores personas con las que supe trabajar. La transición de una relación colaborativa y de apoyo con mi aquel superior a una relación tensa con Frank había sido un tanto dura. Me sentía acorralada, ignorada, poco valorada y cuestionada, y mi respuesta fue ignorar su supervisión, minimizar mi contacto con él y, a veces, trabajar a sus espaldas. No había mucha confianza, tan solo cierta cordialidad forzada. ¿Qué porcentaje de esta situación se debía a Frank y cuánto a mis propios comportamientos? Nunca lo sabré, pero de lo que sí estoy segura es de que yo había contribuido a ese malestar.

Frank tenía razón. No me entendía a mí misma ni tampoco era consciente de cómo mis comportamientos afectaban a los demás, incluyendo a Frank y a varios miembros de mi equipo. Rápidamente me di cuenta de que si no encontraba una nueva forma de liderar, corría el peligro de agotar a la gente y echar por tierra el increíble progreso que habíamos logrado. A decir verdad, toda mi carrera parecía pender de un hilo. Me costó un tiempo admitir el peso de estas revelaciones porque aquello nunca había sido mi intención. Pero era el resultado.

Pronto, me propuse cambiar de dirección. Empecé a buscar ideas en líderes famosos, en la gente que conocía, en libros de gestión, en estudios académicos, en la historia, la filosofía, la teología y la psicología. Fue a través de esta exploración como encontré lo que, según mi punto de vista, es la verdad fundamental sobre ser un guía potente, convincente y sostenible: entender y gestionarse a uno mismo es la base de cualquier liderazgo eficaz.

Fue esa verdad la que marcó el cambio en mi vida. Años más tarde, creé una clase de posgrado basada en estos principios y la he impartido, con el aula llena, en Harvard, durante más de una década. Después de ese éxito, desarrollé un programa ejecutivo centrado en los mismos principios, el cual se ha convertido en el curso de desarrollo profesional más popular que se ofrece en Harvard. Recientemente, he escrito un discurso de apertura en torno a estas ideas. Cada vez que lo uso, veo cómo esas palabras conectan con ejecutivos de todas las áreas, industrias, geografías y niveles de gestión. En definitiva, sí, creo que he dado con algo importante.

Convertirse en un líder eficaz es un proceso intencionado

Las cosas que verdaderamente importan no suelen lograrse de la noche a la mañana, y convertirse en un líder más preparado y eficaz es, sin duda, algo verdaderamente importante. Mejorará tu vida y la de quienes te rodean. Incluso podría convertirte en una persona más equilibrada y feliz. Te permitirá asumir desafíos más grandes y alcanzar metas que antes te parecían inalcanzables.

Este enfoque, que he titulado MYLO por sus siglas en inglés *(Manage Yourself to Lead Others)*, te ayudará a conectar contigo mismo para ser más sereno y dirigir mejor tu energía, lo que a su vez te permitirá entender y conectar con los demás para liderar de forma más efectiva. Consiste en un proceso por capas que comienza con el autoconocimiento y la autogestión, para luego preocuparse por entender y gestionar el contexto de la organización, superar los inevitables desafíos del liderazgo y, finalmente, establecer las condiciones y prácticas que te permitirán destacar a largo plazo. Y todo ello empieza por entender y gestionarnos a nosotros mismos (véase la figura 1).

Este libro te ayudará a identificar el tipo de líder que quieres ser y lo que tendrás que cambiar para convertirte en él. El enfoque MYLO es relativamente sencillo, pero no es fácil. Primero, debes hacerte algunas preguntas difíciles y responderlas con honestidad. Es probable que te sientas más vulnerable de lo que estás acostumbrado.

Figura 1. Las capas del liderazgo efectivo.

Las preguntas en cuestión tratan sobre las personas, las ideas y los acontecimientos que te han influido; sobre qué es para ti el éxito y cuáles son los valores reales que impulsan tu comportamiento; sobre lo bien que entiendes tus propias emociones; sobre cómo tus comportamientos afectan a los demás, y, por supuesto, de qué modo todo esto se manifiesta en tu estilo de liderazgo, para bien o para mal. Puede que te sientas tentado a ignorar estas preguntas, pero, por favor, no lo hagas, ya que solo conseguirás un cambio verdadero si te tomas el proceso en serio. Para cada uno de los ejercicios, sugiero que te tomes un momento de reflexión. Analizar las respuestas te proporcionará más conocimiento sobre quién eres.

Después, utilizarás ese conocimiento para convertirte en el líder que sueñas, a través de la autogestión. Gobernarse a uno mismo es un trabajo duro que implica aprender nuevos comportamientos, cometer diversos errores, lidiar con emociones molestas, notar cuándo te desvías del camino propuesto y esforzarte a salir de tu zona de confort para alcanzar tu siguiente nivel.

Luego, nos centraremos en la forma más eficaz para abordar los problemas y las paradojas del liderazgo, incluidos los dilemas cotidianos, como liderar y desarrollar a otros y gestionar la relación con tus superiores, y cómo entender y trabajar la cultura de tu organización. Aquí no hay respuestas fáciles. El liderazgo es el lado más humano de los negocios, y justo por eso, puede ser complejo, caótico y lleno de matices. Como líderes, nuestro trabajo consiste en obtener resultados, y tenemos la posibilidad de elegir cómo lograrlo. Aunque no hay respuestas fáciles, sí hay enfoques y preguntas que puedes utilizar para replantearte los problemas, considerar qué opciones, ventajas, inconvenientes y consecuencias hay, y elegir un procedimiento que se adapte a cada situación o circunstancia.

Dado que es probable que seas ambicioso y persigas la excelencia —como tantos otros que veo en mis clases, programas ejecutivos y conferencias—, también profundizaremos en qué hacer cuando te sientas estancado, necesites recuperarte de un revés o sientas que es momento de plantearte un nuevo camino.

A veces, las cosas no salen según lo esperado. Los proyectos se caen, la gente te decepciona o los planes no funcionan como pensabas, por lo que puedes sentirte desilusionado, marginado, frustrado o desanimado. Muchas veces es necesario hacer solo pequeños ajustes, pero otras, necesitas tomar decisiones grandes y audaces para impulsarte hacia una nueva dirección. Hablaremos de todo esto, por supuesto, pero aquí va una advertencia: siempre habrá preguntas que deberás responder para obtener más conocimiento de ti mismo y de tu situación antes de decidir y emprender los siguientes pasos.

Te animo a que leas este libro con un cuaderno y un bolígrafo al lado; no solo para responder a las preguntas planteadas a lo largo de sus páginas, sino también para anotar lo que vayas aprendiendo a medida que avanzas en los capítulos y lees sobre las experiencias y conocimientos de otras personas que han crecido como líderes utilizando los principios del MYLO. También te será útil revisar tus respuestas iniciales y actualizarlas con el tiempo, a medida que continúas afinando tu capacidad de liderazgo.

Considérate un trabajo en constante progreso y este libro —junto con tus reflexiones— como el punto de partida para que avances, no solo ahora, sino también en el futuro, sin dejar de desarrollar tus capacidades de liderazgo y profundizar en tu impacto.

* * *

James, a quien recordarás del comienzo del capítulo, se tomó el tiempo necesario para resolver las preguntas y ejercicios del programa ejecutivo y descubrió lo bien que funciona el proceso. A menos de un año de haber asistido al programa MYLO, fue promocionado. Y en los siguientes cuatro años, recibió dos ascensos más.

El proceso MYLO funciona. Ha sido eficaz no solo para James, sino también para muchos otros directivos con los que he tenido el placer de trabajar. Personas procedentes de todas las regiones del mundo, entre las que se incluyen ingenieros y arquitectos, jefes de policía y directores de obras, administradores de hospitales y rectores universitarios, directores financieros y científicos de alto nivel, contables y directores comerciales, abogados y rectores, directores de *marketing* y líderes militares, empresarios y directivos de instituciones sin ánimo de lucro. También puede ser eficaz para ti. Al final de este libro, comprenderás qué necesitas para convertirte en el líder que deseas ser, y si realizas los ejercicios y respondes a las preguntas con detenimiento, tendrás una hoja de ruta para lograrlo.

Imagina al líder en que anhelas convertirte. Te invito a que te transformes en esa persona combinando tu inteligencia, ambición y trabajo duro, las cualidades que te trajeron hasta aquí. Piensa, otra vez, en el líder al que aspiras a ser. El líder que sabes que, con algo de vulnerabilidad y perseverancia, encajaría contigo. El líder que, por tu singular combinación de trayectoria, talentos y habilidades, solo tú puedes ser.

PARTE UNO

Comprensión y gestión de uno mismo

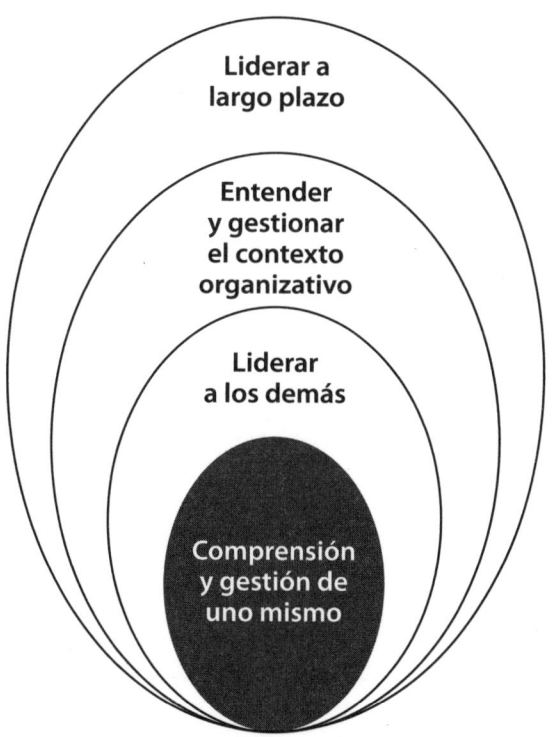

Liderar a
largo plazo

Entender
y gestionar
el contexto
organizativo

Liderar
a los demás

Comprensión
y gestión de
uno mismo

1

¿Cómo reconocer un buen liderazgo?

La mayoría recordamos a nuestro mejor jefe. El mío fue Mike. Un erudito de la literatura que no tenía una formación concreta en la gestión de personal, pero, como me dijo alguna vez, «los novelistas entienden la naturaleza humana, y liderar consiste en entender a la gente y lo que impulsa su comportamiento». No creo que Mike haya asistido a una clase de recursos humanos en su vida, pero fue un líder extraordinario y, además, el que más tiempo estuvo en el cargo en la historia de nuestra organización.

Aprendí mucho de él. Nunca programaba reuniones periódicas, prefería gestionarlo todo mientras recorría la oficina. Se sabía el nombre de todo el mundo, sus antecedentes y lo que les gustaba. Se aprendía los nombres de nuestros hijos y preguntaba por ellos. Fomentaba la colaboración, apoyaba el emprendimiento, daba autonomía a cada uno y podía cambiar de opinión cuando se le presentaba un argumento mejor. Elogiaba en público y criticaba en privado. A veces también podía ser paternal, y no siempre estábamos de acuerdo con sus decisiones, pero se aseguraba de que entendiéramos cómo y por qué había llegado a ellas.

De niño, se libró del horror del Holocausto gracias a la amabilidad de unos desconocidos, y esa fue una lección que se quedó con él e influyó en su forma de ser. Mike pensaba a largo plazo cuando de personas se trataba y daba a todos el beneficio de la duda, ofreciendo segundas y terceras oportunidades. Rara vez se rendía con alguien y trataba a todo el mundo con enorme respeto, sin importar su cargo o lugar en la jerarquía.

Aprendí mucho trabajando con Mike, incluyendo cómo luce ese delicado equilibrio entre impulsar al equipo a mejorar y apoyarlo continuamente. He tenido otros jefes muy buenos en mi vida, y también varios que no lo eran tanto, y, sin duda, he aprendido de todos. Lo que Mike me enseñó, sin embargo, es el aspecto que tiene el gran liderazgo y, lo que es quizás más importante, la sensación que genera.

En este capítulo analizaremos qué marca la diferencia entre los buenos y los grandes líderes, tanto desde nuestra propia perspectiva como desde la sabiduría colectiva que nos rodea.

El contexto importa

Este es un libro sobre liderazgo, así que vale la pena preguntar: ¿cuál es la mejor manera de liderar? Es una cuestión simple, pero difícil de responder. Por ejemplo, piensa en los siguientes quince líderes: Corazón Aquino, Marco Aurelio, Winston Churchill, Thomas Edison, Stephen Hawking, Martin Luther King Jr., Ernest Shackleton, Indira Gandhi, Katharine Graham, Frances Hesselbein, Abraham Lincoln, Nelson Mandela, J. Robert Oppenheimer, Madam C. J. Walker y Jack Welch. ¿Qué tienen en común, aparte de haber tenido una enorme influencia y poseer una inteligencia probablemente superior a la media?

Resulta que no mucho.

Esta lista relativamente corta incluye a personas extrovertidas e introvertidas, a gente que provenía de familias con dinero y otras que no, a los que buscaron el liderazgo y el poder y a quienes asumieron el rol de mala gana, a algunos con un carácter «difícil» y a otros con una gran empatía. Varios de ellos experimentaron el abuso, la adicción, la depresión, la discapacidad o la discriminación. Algunos aplicaron su liderazgo a los negocios y las finanzas y otros al cambio social, al servicio gubernamental o al avance científico. Hay muchos líderes diferentes, con trayectorias, características y estilos muy distintos, lo que demuestra que no existe una única trayectoria, un conjunto de habilidades o una disposición correcta que produzca un gran liderazgo.

Cada una de estas personas lideró de forma muy distinta, y ese es el argumento central. Así como no existe una única trayectoria, tampoco hay una forma única de liderar. Muchos estilos de liderazgo diferentes son efectivos, pero el más eficaz dependerá del contexto. La forma en que actuamos debe resultar adecuada para un propósito y una situación determinados.

La mejor persona con la que trabajaste

Hagamos un breve ejercicio que te tomará menos de cinco minutos y te dará una idea más clara de cómo se ve y se siente el liderazgo eficaz.

* * *

Comienza pensando en el mejor jefe o jefa que hayas tenido. Antes de continuar, asegúrate de tener a una, y solo a una, persona en mente. Puede ser tu jefe actual, el anterior, el que tuviste en tu primer empleo o cualquier otra persona para la que hayas trabajado. Asegúrate de que sea alguien a quien conozcas y con quien hayas compartido empresa, no una figura histórica o alguien famoso con quien te gustaría coincidir. Debe ser alguien para quien hayas trabajado directamente, no alguien de la organización para quien te hubiera gustado hacerlo.

Ahora que tienes a esa persona en mente, piensa en las razones por las que la consideras la mejor. ¿Qué hizo que la eligieras por encima de las demás? Escribe todas las razones, las grandes y las pequeñas. Intenta hacer una lista de al menos ocho motivos.

He realizado este ejercicio con miles de personas a lo largo de los años y he escuchado muchas razones. Quizás fue la persona más inteligente que hayas conocido, o la mejor en alguna habilidad técnica o funcional que la hacía sobresalir en su trabajo (por ejemplo, programación, contabilidad, investigación, *marketing* digital, recaudación de fondos, evaluación de riesgos, redacción técnica, análisis de estados financieros, carpintería, ingeniería, ventas, cirugía, etc.). Pudo ser que se preocupara por ti como persona, te desafiara, supiera escuchar, tuviera un buen sentido del humor, te motivara a ser mejor, apoyara tus decisiones, tuviera visión, reconociera tu potencial sin explotar o impulsara tu carrera. O una infinidad de otras razones.

¿Cuáles son los motivos por los que elegiste a esa persona? Antes de continuar, crea una lista de todas las razones: los rasgos, atributos y comportamientos que te llevaron a elegirla como tu mejor jefe o jefa.

* * *

Ahora, repasa esa lista y escoge las tres razones principales. Exactamente tres. Ni más ni menos. Estas son las tres razones que realmente marcaron la diferencia en su forma de liderar y que te llevaron a elegir a esa persona por encima de otros jefes con los que has trabajado. Para sacar el máximo partido a este ejercicio, por favor, asegúrate de tener tu lista con las tres razones antes de seguir leyendo.

* * *

Ahora que ya tienes tus tres motivos principales, analicemos esos rasgos, atributos y comportamientos de tu mejor jefe o jefa. Las respuestas de este ejercicio se suelen clasificar en tres categorías principales:

- *Inteligencia.* Si has pensado algo como «es la persona más inteligente con la que he trabajado» o «era la persona más inteligente del equipo», estás destacando esta cualidad como uno de sus atributos. ¿Cuántas de tus tres razones principales tienen que ver con la inteligencia de esa persona como factor determinante para elegirla tu mejor jefe o jefa?

- *Habilidades técnicas o funcionales.* Puede que tu superior fuera muy bueno —quizás el mejor— en las llamadas «habilidades duras» (*hard skills*); es decir, esas competencias técnicas o funcionales que le ayudaron a tener éxito en su trabajo. Ya fuera en auditoría o ganadería, diseño técnico o ciencia de datos, actividad policial o programación, investigación o planes de jubilación, *marketing* o mecánica, es posible que eligieras a esa persona porque admirabas sus aptitudes técnicas o funcionales. ¿Cuántas de tus tres razones principales están relacionadas con las habilidades profesionales de ese jefe, al margen de las de gestión?

- *Habilidades interpersonales.* Estas destrezas reciben muchos nombres, como «habilidades blandas» (*soft skills*), habilidades interpersonales, competencias sociales, inteligencia emocional e incluso superpoderes. Son las aptitudes clave para forjar relaciones eficaces y sostenibles; esas competencias de persona a persona que nos ayudan a convivir y a trabajar con los demás. Entre las respuestas de esta categoría se puede incluir cómo se preocupaba por ti, si te hacía de mentor o te guiaba, su capacidad para empatizar con la gente, si estaba abierto a nuevas ideas, si sabía encontrar puntos en común entre personas en conflicto, si se comunicaba bien, si te daba mucha autonomía en tu trabajo, si tenía astucia política y un sinfín de otras razones. Por lo general, si una respuesta no encaja en las categorías de inteligencia o técnicas/funcionales, su sitio está en el cajón de las interpersonales. ¿Cuántas de tus tres razones principales están relacionadas con las habilidades interpersonales de esa persona?

¿Tienes alguno de tus rasgos y atributos en cada una de estas categorías o hay alguna sobrerrepresentada en tus respuestas? Si eres como la mayoría de la gente, la tercera categoría, la de las habilidades interpersonales, estará sobrerrepresentada.

He realizado este ejercicio innumerables veces en clases y programas por todo el mundo, y las respuestas siempre se inclinan hacia las habilidades interpersonales por encima de la inteligencia o las consideradas duras. Y con una diferencia abismal. Esto se cumple en todos los países, sectores, áreas funcionales, géneros, niveles de liderazgo y grupos de edad. Aunque los porcentajes pueden variar ligeramente en un grupo determinado, la tendencia general es la misma, con una media acumulada del 85 % de las razones por las que alguien es considerado mejor jefe o jefa procedentes de la categoría de habilidades interpersonales. El 15 % restante se reparte de forma relativamente equitativa entre las categorías de inteligencia y de habilidades duras. Las interpersonales son siempre el factor más importante, con diferencia, en todos los grupos con los que he trabajado.

Otros investigadores han obtenido resultados similares sobre qué es lo que distingue a los buenos jefes de los mediocres. Analicemos un estudio de la Fundación Carnegie de 1918: fueron las habilidades interpersonales de los ingenieros, y no sus conocimientos técnicos, las que más importaban para alcanzar el éxito. Cuando se les preguntó por las aptitudes más importantes para el éxito de un ingeniero, descubrieron que «las cualidades personales [se mencionaban] siete veces más a menudo que el conocimiento de la ciencia y la técnica de la práctica».[1] Entre las cualidades más importantes se encontraban la integridad, el tacto y la «comprensión de los demás», lo que también refleja los hallazgos del ejercicio.

El estudio también señala que estas habilidades «suelen ser un activo mayor que los conocimientos y habilidades técnicas» para la persona «que trata con éxito con el trabajo y la pericia humanos». Daniel Goleman descubrió algo parecido:

Cuando, en puestos de alto liderazgo, comparé a los trabajadores más eficientes con los no tan brillantes, casi el 90 % de la diferencia en sus perfiles era atribuible a factores de inteligencia emocional, en lugar de a factores cognitivos.[2]

La inteligencia nos ayuda a captar conceptos difíciles con más facilidad y nos lleva a tener éxito en nuestros estudios con menos esfuerzo del que necesitan los demás. Puede que esta capacidad nos ayudara a que nos fuera bien en los estudios y en los inicios de nuestra carrera profesional, cuando tuvimos que aprender nuevas habilidades y procesos para mejorar en nuestro trabajo. Lo mismo ocurre con las habilidades técnicas y funcionales. En cualquier trabajo que tengamos, ser buenos en estas aptitudes nos ayuda a ser buenos en nuestro puesto. Pero no bastan para convertirnos en un gran líder. Una vez que empezamos a dirigir a otras personas, nuestras habilidades interpersonales adquieren mucha más importancia.

Una vez, mientras dirigía este ejercicio, una de las participantes, Michelle, parecía encontrar ciertos problemas en las razones que la habían llevado a elegir a una persona como su mejor jefe. Cuando me acerqué a ella, levantó la vista y me explicó:

—Creo que mi mejor jefe no era en realidad la persona más inteligente del equipo.

Cuando le dije que para ser un gran líder no se necesita ser la persona más inteligente del equipo, ni siquiera excepcionalmente inteligente, le dio vueltas a la idea durante un momento. Más tarde, durante un descanso, Michelle parecía impaciente por contarme la revelación que acababa de tener:

—Trabajo en el sector financiero y este ejercicio ha cambiado por completo mi forma de pensar. Siempre he trabajado con gente muy inteligente y pensaba que esa era la razón por la que ocupaban puestos tan altos. Mi mejor jefe era inteligente, sí, pero no tanto como otras muchas personas con las que he trabajado. Como siempre creí que esa capacidad era lo que llevaba a la gente a puestos de liderazgo, me he esforzado mucho en demostrar lo inteligente que soy, y ahora me doy cuenta de que lo enfocaba todo al revés. Tengo que escuchar mejor, dar más autonomía a la gente en su día a día y hacerles saber que me importan, igual que mi mejor jefe se preocupaba por mí y por los demás en el equipo. Esa es la clave de todo.

Justo en el clavo.

No es que la inteligencia, las habilidades duras o el conocimiento no sean importantes; es solo que, para el éxito a largo plazo, son nuestras capacidades interpersonales las que marcan la diferencia entre un buen y un gran jefe. ¿Por qué? Porque estas son las habilidades que le permitieron a tu mejor jefe conectar contigo y liderar con eficacia. Cuando le pregunto a la gente si aceptaría una oferta para volver a trabajar con su mejor jefe, siempre veo un mar de cabezas asintiendo.

A medida que ascendemos en nuestra carrera profesional, pasamos de ser un empleado individual a un miembro del equipo, luego a jefe de equipo y finalmente a un líder de líderes. Nos movemos a lo largo de un espectro que va desde hacer el trabajo nosotros mismos hasta liderar a otros para que lo hagan. En este camino, nuestras habilidades duras van perdiendo importancia relativa, mientras que las interpersonales brillan cada vez más. Y aunque, seguramente, necesitamos la inteligencia y las habilidades duras para llegar hasta donde estamos ahora, si queremos seguir avanzando debemos desarrollar nuestras cualidades interpersonales.

Los siguientes comentarios son de otros participantes de mis programas y representan un buen indicativo de lo que la mayoría de nosotros valora en un gran líder:

- Mostró interés y preocupación genuina por mi vida y mis metas profesionales.
- Creía en mí.
- Se preocupaba por mí como persona, no solo como empleado.
- Me retaba con trabajo interesante.
- Una capacidad de escucha excepcional: de verdad oía lo que yo decía.
- Me daba mucha autonomía.
- Confiaba en mí y me daba responsabilidades.
- Siempre sacaba tiempo para enseñar o responder preguntas.

- Tenía mucha empatía.
- Valoraba mis aportaciones e ideas.
- Me ayudó a crecer y a brillar.
- Hacía que todos en el equipo se sintieran valorados.
- Me hizo sentir parte del grupo (cuando yo era la única mujer en una oficina repleta de hombres).
- Más que una jefa, apoyó de verdad mi carrera profesional.
- Confía en mí.

¿Cuáles son los rasgos y atributos más importantes mencionados por los miles de personas con las que he realizado este ejercicio? Que el jefe confiaba en el empleado, escuchaba, se preocupaba por la persona como individuo, ofrecía apoyo y empatía, tenía buenas dotes de comunicación, desafiaba al individuo con tareas que lo hacían crecer, le daba *feedback* (retroalimentación) para su desarrollo y le concedía mucha autonomía o independencia. Estas son, objetivamente, algunas de las habilidades interpersonales que más valoramos. Y todas ellas son comportamientos que se pueden aprender.

El motivo por el que estos líderes nos marcaron no fue que aplicaran una guía de buenas prácticas, sino que ellos mismos eran el manual. Con su estilo propio, supieron guiarnos y gestionar nuestro trabajo, logrando que alcanzáramos nuestro máximo potencial. Las palabras y frases que has usado nos dicen mucho sobre cómo te hizo sentir tu mejor jefe. Como dijo la célebre poeta y autora Maya Angelou: «He aprendido que la gente olvidará lo que dijiste, la gente olvidará lo que hiciste, pero la gente nunca olvidará cómo la hiciste sentir». Así es. Nuestros mejores jefes, nuestros grandes líderes, vieron nuestro potencial, invirtieron en nosotros, y los recordamos por ese voto de confianza.

Nos juzgamos por nuestras intenciones, y los demás nos juzgan por nuestros actos

Elegimos a nuestro mejor jefe o jefa por los comportamientos que tuvo con nosotros. Seguramente, solemos creer, también tenía buenas intenciones. Pero mucha gente puede tener buenas intenciones y, sin embargo, actuar de una forma que no se corresponde con ellas. Puede que algunos de nuestros jefes no tan brillantes también tuvieran el propósito de ofrecer un gran liderazgo. Pero lo que recordamos son sus actos, y son esos actos los que usamos para valorar si fue un buen jefe o uno no tan bueno. Si alguien nos trata mal, poco nos importa que su intención no fuera microgestionarnos, ignorar nuestras ideas, no interesarse por nuestro crecimiento, mostrar falta de interés, hacernos sentir pequeños o tratarnos mal de cualquier otra forma. El caso es que lo hicieron. Sus actos desmentían su intención, y los juzgamos por los hechos.

Como escribió Stephen Covey en su libro *La velocidad de la confianza*: «Nos juzgamos a nosotros mismos por nuestras intenciones y a los demás por su comportamiento».[3] Añadamos un sencillo corolario: nos juzgamos a nosotros mismos por nuestras intenciones, y los demás nos juzgan por nuestros actos.

Entender que nos juzgamos a nosotros mismos por nuestras intenciones mientras que los demás nos juzgan por nuestros actos suele ser una de las mayores revelaciones para mis estudiantes. Y, personalmente, esta comprensión me ha dado más empatía hacia algunos de mis jefes no tan buenos. Ahora me doy cuenta de que puede que algunos de sus comportamientos no se correspondieran con sus propósitos. Quizás tenían la mejor de las intenciones, pero su falta de autoconocimiento o su limitada capacidad para gestionar su propio comportamiento se interpuso en el camino. Quizás aquellos superiores faltos de tacto no nos «tenían manía», como tampoco nosotros se la teníamos a otras personas que dirigimos mal al principio de nuestra carrera. Al igual que nosotros, nuestros antiguos jefes también estaban aprendiendo. Como dice Linda Hill, profesora de la Harvard Business School:

Aprender a liderar es un proceso de aprendizaje práctico. No se puede enseñar en un aula. Es un oficio que se adquiere principalmente a través de la experiencia laboral, sobre todo de las experiencias adversas en las que el nuevo jefe, trabajando más allá de sus capacidades del momento, procede por ensayo y error.[4]

Así como esperamos que los demás nos perdonen nuestros errores de liderazgo, quizás tenga sentido que seamos indulgentes con otros mientras aprenden a liderar.

El ejercicio de elegir a nuestro mejor jefe o jefa también nos ayuda a darnos cuenta de que ya sabemos qué aspecto tiene un gran liderazgo y cómo estos líderes hacen sentir a la gente, la ayudan a crecer y a obtener resultados. La persona que has escogido y las razones por las que la elegiste pueden darte pistas importantes sobre lo que valoras en un líder y cómo podrías incorporar esas ideas en tu propia forma de liderar. Lo que aprecias en su estilo de liderazgo es, seguramente, lo que buscas potenciar en ti mismo.

El líder que quieres ser

Los líderes que más admiramos, ya sea nuestro mejor jefe o un famoso dirigente del mundo de los negocios, de las ONG, del ejército, de la política o de la comunidad tuvieron que aprender a liderar. Lo mismo nos ocurre a nosotros. Convertirse en un líder mejor y más eficaz es un proceso deliberado que empieza por comprender qué tipo de persona queremos llegar a ser.

Comencemos con tres preguntas. Analiza solo una cada vez y tómate tu tiempo para responderla por completo antes de pasar a la siguiente. Responder a las tres te llevará, en una primera pasada, unos diez minutos. Revisar las preguntas y tus respuestas más adelante te aportará una mejor perspectiva. Puedes responder a estas cuestiones aquí en el libro, en tu propio cuaderno o diario, en una hoja en blanco o descargando la plantilla desde mi página web (www.margaretandrews.com/mylobookresources).

1. **¿Qué tipo de líder eres ahora?** ¿Qué palabras y frases describen cómo te ves a ti mismo y cómo crees que te describirían los demás? Piensa en lo que te hace valioso como miembro de un equipo y como jefe, así como en lo que puede hacer que sea difícil trabajar contigo o para ti. Estas palabras y frases surgen de cómo te ves a ti mismo como líder, de lo que percibes en las reacciones de otras personas hacia ti, del lenguaje utilizado en evaluaciones de desempeño actuales o pasadas o en herramientas de *feedback* 360, y de conversaciones con tu jefe o compañeros de equipo.

2. **¿Qué tipo de líder quieres ser?** ¿Qué palabras y frases describen la clase de jefe en que deseas convertirte? Piensa en cómo te gustaría describirte a ti mismo en el futuro y cómo querrías que te describieran los demás. Visualiza cómo se comportaría ese nuevo tú. Para esta pregunta, puede ser útil pensar en personas que conoces y admiras, y en las cualidades, características, comportamientos y acciones suyas que te gustaría desarrollar. Pueden ser jefes actuales o pasados, compañeros de equipo y personas que trabajan contigo o para ti. Por favor, no utilices personajes públicos o de ficción al pensar en tus respuestas a esta pregunta: no

tienes experiencia directa con ellos. Recurre a personas que conozcas personalmente y con las que hayas trabajado. Intenta ser lo más específico posible con tus palabras (p. ej., «era una persona que mostraba serenidad en medio del caos», «alguien que escucha con empatía», «una persona reflexiva y prudente como Monique», «sabía crear relaciones y contactos, como Rob», «resolvía los problemas con creatividad, como George», «sabe cuidar y apoyar a mi equipo», «es alguien de confianza» o «un orador cautivador y expresivo, como Kate»). Evita las expresiones poco claras (p. ej., «era un líder muy bueno»).

3. **¿Cuál es la diferencia entre el líder que quieres ser y el que eres ahora?** En concreto, ¿qué comportamientos o habilidades necesitarás desarrollar o cambiar para convertirte en ese jefe o jefa soñado? Esto puede incluir comportamientos que quieres empezar a practicar de forma más consistente (p. ej., alzar la voz, escuchar con mayor atención, comunicar pausadamente, asumir riesgos calculados, estar más abierto a las ideas de los demás) o dejar de tener (p. ej., microgestionar, interrumpir, descartar las ideas de los demás, estar a la defensiva). Tu lista también puede contener habilidades que te gustaría desarrollar (p. ej., tomar decisiones de mayor calidad, convertirte en un orador más convincente, hacer que la gente se sienta cómoda contigo). Cuanto más específico puedas ser al identificar las habilidades y los comportamientos, más útil te resultará en el futuro. Elige una, dos o tres habilidades o comportamientos que consideres los más importantes y que te ayudarán a desarrollarte. El siguiente paso es reformular tus metas para que sean «propositivas» y no «de evitación» (p. ej., «darle a la gente el tiempo y el espacio para que complete sus ideas» en lugar de «interrumpirlos», o «escuchar plenamente a los demás para entender qué hay

detrás de sus palabras» en vez de «dejar de hacer que la gente se sienta ninguneada e ignorada»). Este tipo de enfoque te facilitará un poco el avanzar hacia lo que deseas en lugar de alejarte de lo que no quieres.[5]

Tener claros nuestros objetivos sobre lo que ansiamos conseguir para nosotros mismos como líderes y como seres humanos es el primer paso para convertirnos en esa persona. Entender de dónde partimos y a dónde queremos ir nos ayuda a comprender quiénes somos ahora mismo y nos permite medir o cuantificar nuestros éxitos futuros. Y, otra vez, la especificidad ayuda. Aquí tienes algunos ejemplos:

Martin

1. **El líder que soy ahora:** Alguien orientado a los resultados, competitivo, práctico, capaz de perder la calma/compostura cuando me enfado. La gente me ha dicho que puedo ser carismático, pero también impetuoso e intimidante.
2. **El líder que quiero llegar a ser:** Alguien capaz de gestionar mejor mis emociones, sobre todo la ira; más comedido y prudente en cómo interactúo con los demás. Debo aprender a orientar a mi equipo en lugar de decirles solamente en qué se equivocan o qué tienen que hacer.
3. **Qué me ayudará a conseguirlo:** Centrarme y reconocer qué emociones estoy sintiendo en el momento. Entrenar la capacidad de gestionar mis emociones cuando estoy en una situación estresante.

Charlotte

1. **La líder que soy ahora:** Una persona orientada a los logros y al detalle, impaciente cuando los demás no entienden mis ideas o no aprenden rápido. A veces me siento amenazada y

me pongo a la defensiva cuando me cuestionan o me demuestran que estoy equivocada. Me han dicho que siempre tengo la necesidad de llevar la razón o de ganar la discusión.

2. **La líder que quiero llegar a ser:** Alguien más paciente con los demás, centrada tanto en las relaciones como en las tareas.

3. **Qué me ayudará a conseguirlo:** Adoptar una perspectiva a largo plazo cuando trabaje con otros (más allá del proyecto en cuestión) para centrarme en la relación. Estar más abierta a diferentes enfoques y perspectivas.

Vivek

1. **El líder que soy ahora:** Alguien emprendedor, que sabe lo que quiere. Siempre busco la mejor forma de hacer las cosas, lo que a menudo puede interpretarse como una crítica a los demás o a su trabajo. Me han dicho que suelo parecer cerrado a las ideas ajenas y que a menudo las cosas se hacen «a mi manera o no se hacen».

2. **El líder que quiero llegar a ser:** Alguien capaz de obtener las mejores ideas de los demás y de crear consenso sobre cómo avanzar.

3. **Qué me ayudará a conseguirlo:** Conversar con personas que ven las cosas de forma diferente y centrarme en lo que puedo aprender de ellas en lugar de intentar convencerlas de que mi punto de vista es mejor. Construir mis ideas a partir de las de los demás. Recordar que no tengo que ganar todas las discusiones y que otra persona puede tener una solución objetivamente mejor.

Irene

1. **La líder que soy ahora:** Cautelosa, atenta, no siempre digo lo que pienso y me frustro cuando los demás no captan

mis indirectas. Me han dicho que la gente me ve como una controladora y que necesito ser más clara en mis expectativas sobre las personas y los resultados.

2. **La líder que quiero llegar a ser:** Directa, clara y asertiva en mis comunicaciones; alguien que asume riesgos calculados.

3. **Qué me ayudará a conseguirlo:** Asumir pequeños riesgos, como acercarme a la gente para conversar, ser asertiva, decir lo que quiero y lo que pienso teniendo en cuenta los deseos y las necesidades de la otra persona. Ser más clara sobre mis expectativas sobre los demás y dejar que ellos descubran cómo alcanzarlas (sin que yo se lo diga y los vigile). Prestar atención a cómo mis comportamientos hacen sentir a la gente.

¿Cuáles son tus respuestas a estas tres preguntas?

2

Creciendo como líderes (y qué sucede cuando no lo hacemos)

Justo al terminar la reunión con un cliente, Bob (el socio sénior) y yo (por entonces, una novata en el equipo) nos subimos en el coche rumbo al aeropuerto para volver a casa, a Boston.

—¿Qué tal ha ido la reunión? —me preguntó.

—Bueno… —dije yo.

—¿Y tú qué tal crees que lo has hecho? —respondió él.

Para esa pregunta no tuve respuesta; apenas había dicho nada en toda la reunión, más allá de presentarme y despedirme. Por la sonrisa en la cara de Bob, estaba claro que él sí tenía una respuesta, y fue amable y directo al dármela:

—Ese cliente nos está pagando un montón de dinero por ayudar a su empresa con un enorme problema. Algo que debes tener en cuenta es que, en las reuniones, el cliente se hace una idea del valor que aportas al proyecto basándose en lo que oye de ti. Y en esa reunión no has dicho nada.

Bob tenía razón; no había aportado nada sustancial. Como la persona más joven y con menos experiencia de la sala, me había sentido intimidada por el conocimiento y la experiencia que todos los demás tenían y de los que yo carecía. Había estado nerviosa y cohibida todo el tiempo, con ganas de participar en la conversación, pero guardando silencio por miedo a parecer la novata inexperta e insegura que yo creía que era.

—Sé que tienes buenas ideas sobre los análisis que hay que hacer y las posibles soluciones a los problemas del cliente, porque has compartido muchas de esas ideas conmigo —continuó Bob—. Pero no con el cliente, así que ahora mismo él debe estar preguntándose qué valor aportas al proyecto.

Entonces me sentí avergonzada, como si hubiera decepcionado a un socio y fallado a la compañía, lo que nunca es una sensación agradable. Pero Bob no había terminado:

—Eres un tanto introvertida, ¿verdad?

Asentí.

—Eso pensé —continuó—, lo que significa que tendrás que esforzarte un poco más en esto. Un consejo: para cada reunión futura en la que participes, antes de entrar, piensa en tres ideas para aportar o tres preguntas que podrías hacer, y luego lanza una de ellas nada más empezar. Eso te hará entrar en calor y romperá el hielo para que surjan más ideas y preguntas, y así te sentirás más cómoda para hablar durante el resto de la reunión.

Como introvertida, se me daba muy bien observar y escuchar, pero no me sentía habituada a meterme en las conversaciones. La incomodidad y el miedo que sentía debieron de reflejarse en mi cara, pero Bob se rio y me dijo que lo intentara. Y así lo hice.

El consejo de Bob dio en el clavo, pero tardé muchos meses en cogerle el truco y sentirme cómoda haciéndolo. Al principio me centraba en mí misma y, sintiéndome cohibida por contribuir al diálogo, a veces soltaba una pregunta o un comentario demasiado pronto y desviaba la conversación, ya fuera frenando su avance o llevándola en una dirección diferente. Otras veces, para corregir el error anterior, esperaba demasiado tiempo el momento perfecto y oía a otra persona hacer «mi» pregunta o «mi» comentario. Con el tiempo, mejoré y, en las reuniones, contribuí a la conversación de forma rutinaria y segura. Más allá de simplemente hablar, me convertí en un miembro del equipo que realmente aportaba y empecé a conectar con los clientes. El consejo de Bob me ayudó a prepararme para las reuniones, a pensar de antemano en el panorama general, a relacionarlo con el problema que intentábamos resolver, a saber cómo mis preguntas e ideas podían influir en nuestro trabajo y en cómo darle al cliente una solución mejor y más sólida. Pero no fue una fórmula mágica.

Este capítulo trata sobre cómo empezar a visualizar esa persona en la que te quieres convertir e identificar los pasos que tendrás que dar para conseguirlo.

La evolución de un líder

Siempre estamos en un continuo proceso de desarrollo. Así fue cuando eras un bebé que aprendía a caminar y a hablar; cuando, en plena juventud, buscabas mejorar en algún deporte; cuando, en la universidad, aprendías nuevas asignaturas o, en tu primer empleo, intentabas aprender a realizar tu trabajo; cuando empezaste a dirigir a otros y te diste cuenta de que era más difícil de lo que parecía, y así es también hoy, que buscas perfeccionar tu liderazgo. Ahora que ya entiendes las habilidades y los comportamientos que necesitarás para evolucionar y convertirte en el líder que te gustaría ser, es el momento de ponerte manos a la obra. Ya sea hablar más (o menos) en las reuniones, convertirte en alguien que escucha con plena atención, admitir tus errores y aprender de ellos, delegar con más eficacia o cualquier otra capacidad, te hará falta una cuota de deseo y reflexión, un plan, mucha práctica y, por supuesto, *feedback*.

Cuando se trata de aprender una nueva habilidad o comportamiento, todos somos principiantes, y seguramente no destaquemos por nuestra proeza… todavía. A menudo pensamos que «la práctica hace al maestro» y que el progreso es más o menos lineal, como se muestra en la figura 2.1.

Sin embargo, el progreso en el desarrollo de nuevas capacidades no funciona así. Al principio, no se nos da nada bien. Luego, con práctica y *feedback*, con el tiempo mejoramos lentamente, después lo hacemos con gran rapidez, y al final nos estancamos. El progreso en el aprendizaje de nuevas habilidades y comportamientos se parece más al diagrama de la figura 2.2.

Nuestro progreso sigue un camino en S en lugar de una línea recta. Las curvas en S, abreviatura de curvas sigmoideas, modelan la evolución del aprendizaje y el desarrollo a lo largo del tiempo.

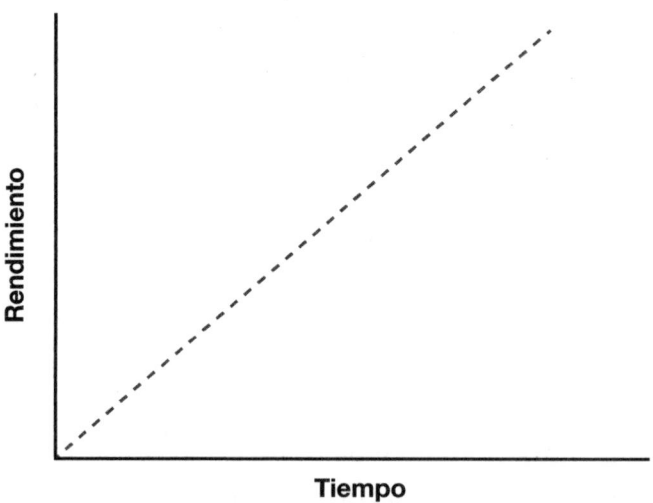

Figura 2.1. Cómo creemos que funciona
el progreso.

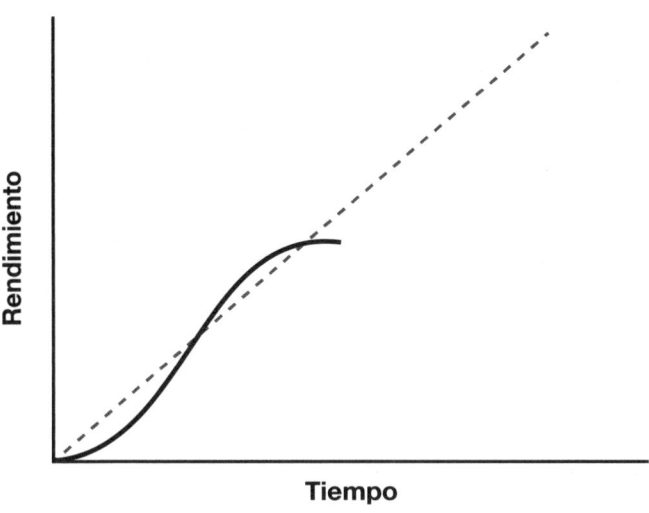

Figura 2.2. Cómo funciona realmente
el progreso.

En *The Empty Raincoat* (El impermeable vacío), Charles Handy fue uno de los primeros en ver la relación de esta función matemática con el desarrollo individual y organizativo:

La curva sigmoidea resume la historia de la vida misma. Empezamos despacio, de forma experimental y titubeante; crecemos y luego, por así decirlo, decrecemos.[1]

Cuando aprendemos una nueva habilidad o comportamiento, primero, mejoramos lentamente para, luego, acelerar. Al principio aprendemos en qué consiste aquello, miramos a otros para ver cómo se hace, pensamos en cómo medir nuestro éxito, probamos nuevos comportamientos y practicamos nuevas habilidades, cometemos errores, los corregimos y volvemos a intentarlo con un enfoque más informado. Continuamos esta práctica hasta que progresamos y, a medida que lo hacemos, las piezas empiezan a encajar. Nuestra técnica se vuelve más eficaz y empezamos a mejorar más rápidamente, avanzando hacia la facilidad, la comodidad y el dominio.

Una vez que alcanzamos un buen nivel y nos sentimos más cómodos usando esta nueva capacidad, esta se convierte en parte de nuestra cartera de talentos, y comienza a influir en nuestra propia identidad como líderes. Entonces, afirmamos sin miedo, finalmente hemos dominado esa habilidad o comportamiento. Es algo que se nos da bien (o al menos somos competentes). En este punto, la curva en S empieza a aplanarse, y todo esfuerzo adicional solo traerá una mejora marginal, si es que la hay. En ese momento, para seguir creciendo en nuestra carrera, necesitamos desarrollar capacidades adicionales: lo que exige una nueva curva en S.

El problema es que, cuando iniciamos esa otra S, a menudo empeoramos antes de mejorar. Si observas la segunda (y nueva) curva (figura 2.3), el nivel de rendimiento (ilustrado en el eje Y) es inferior al nivel de rendimiento de la primera curva en S.

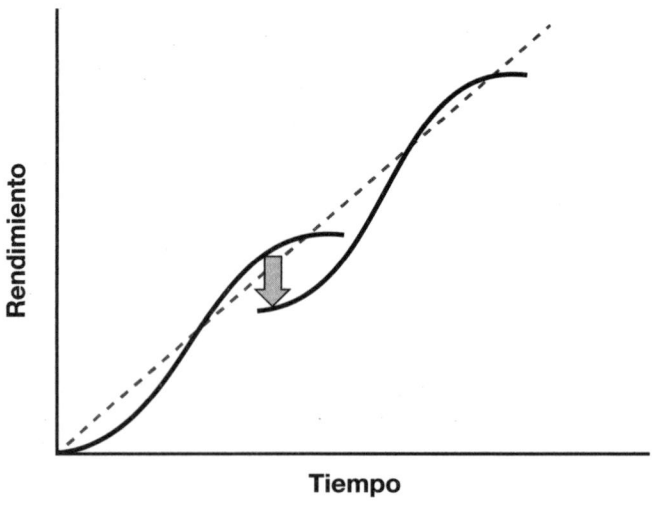

Figura 2.3. Cómo funciona el progreso continuo.

A la hora de aprender algo nuevo, es de esperar que empeoremos antes de mejorar. Por ejemplo, no nos apuntamos a un nuevo deporte y destacamos en él al instante ni cogemos un nuevo instrumento y tocamos como virtuosos: desarrollar nuevas habilidades o comportamientos relacionados con los negocios y las relaciones también llevará su tiempo.

Sin embargo, para quienes están acostumbrados al éxito, cualquier caída en el rendimiento resulta muy incómoda. Para la gente en cierto sentido consumada, los errores son algo a evitar. No destacar en algo nos hace sentir torpes y vulnerables. En esos casos, tendremos que echar mano de nuestra reserva de ambición y trabajo duro para no dejar de lado la práctica y cometer errores sin miedo. Como dice el educador y *coach* ejecutivo Marshall Goldsmith: «La fórmula que te trajo hasta aquí no es la que te llevará más lejos».[2] Cada nuevo nivel de tu desarrollo exigirá nuevas habilidades y comportamientos, y necesitarás tiempo, práctica y *feedback* para llegar a dominarlos.

Adoptar otro comportamiento, o en realidad, aprender algo nuevo, nos hace sentir como unos impostores a medida que sustituimos una forma de actuar antigua por una nueva. Herminia Ibarra, profesora de comportamiento organizacional en la London Business School, estudia el liderazgo ejecutivo y esos impulsos contradictorios de querer mejorar y, a la vez, no querer abandonar nuestra zona de confort. Los avances profesionales nos exigen ir mucho más allá, y aprender una nueva habilidad también nos hace sentir cohibidos e inseguros de nuestra capacidad para rendir a ese nivel superior. Ibarra señala que, al intentar desarrollar nuevas habilidades o cambiar nuestro comportamiento, solemos sentir que estamos actuando o que no somos fieles a nuestra esencia. Por lo tanto, «a menudo nos refugiamos en actitudes y estilos que nos resultan familiares». Ibarra aboga por adoptar un enfoque más flexible y matizado sobre nuestra propia naturaleza:

Si nos consideramos obras en construcción y buscamos desarrollar nuestra identidad profesional a base de ensayo y error, podemos construir un estilo personal con el que nos sintamos a gusto y que se adapte a las necesidades cambiantes de nuestras organizaciones. Esto requiere valentía porque el aprendizaje, por definición, comienza con comportamientos artificiales y a menudo superficiales que pueden hacernos sentir calculadores en lugar de genuinos y espontáneos... [y] un autoconcepto demasiado rígido se convierte en un ancla que nos impide zarpar hacia nuevos horizontes.[3]

La historia se repite a medida que avanzamos en nuestra carrera. Cualquier comportamiento que intentamos aprender nos resulta artificial durante un tiempo; luego mejoramos lentamente, y, solo después, podemos comenzar a acelerar. Y, un día, nos encontramos dominando una nueva aptitud. Y luego otra. Al principio de nuestra carrera, tenemos que aprender muchas habilidades y comportamientos, tanto de naturaleza técnica como funcional, entender rápidamente una situación y sopesar las diversas opciones, pensar preguntas agudas que vayan al meollo de la cuestión y crear presentaciones convincentes. A medida que nuestra carrera evoluciona, nos vemos obligados a ampliar nuestra cartera de capacidades para adaptarnos a los cambios de nuestra profesión y nuestro puesto. En lugar de aprender a alzar la voz en las reuniones, puede que tengamos que aprender a hablar menos y a animar a otros a que participen, escuchando atentamente lo que dicen. También es posible que tengamos que renunciar a hacerlo todo nosotros mismos y aprender a delegar eficazmente, así como a influir, a construir un equipo resolutivo y a desarrollar a otras personas. Más tarde, a medida que asumimos funciones de mayor envergadura y tamaño, puede que necesitemos aprender cómo relacionarnos con los medios o hablar en público, cómo gestionar una crisis o liderar en la incertidumbre, cómo dirigir a un equipo para que piense de forma más creativa, etc. Pasar de contribuciones individuales a pensar en el bienestar del equipo o ser el responsable de una unidad exige un nivel de desarrollo significativo en cada etapa. Hay muchas curvas en S implicadas. Cada nuevo trabajo, cada ascenso y cada nivel distinto en nuestra carrera exige una versión renovada y mejorada de nosotros mismos. Esto fue así para mí, ha sido así para mis alumnos y los participantes en mis programas de formación de ejecutivos, y será así para ti.

Llevas toda la vida haciendo evolucionar tu cartera de talentos en cada etapa. Y eso es bueno, porque te quedan muchas más curvas en S por delante, incluidas las de las nuevas habilidades y comportamientos que identificaste en el ejercicio del capítulo 1. Cuando te sientas desanimado por no dominar aún estas nuevas aptitudes y actitudes, simplemente recuerda que llevas mucho tiempo manejando estas curvas. Más adelante, no solo aumentarás tu capacidad de liderazgo, sino que tu práctica y tu disposición a probar cosas nuevas y a cometer errores delante de los demás también servirán de modelo para quienes te rodean, incluidos tus compañeros de trabajo e incluso los miembros de tu familia.

Qué sucede cuando no evolucionamos como líderes

Dejar de crecer como líder tiene un alto coste, y no solo para uno mismo. A nivel individual, nos estancamos en nuestras capacidades y limitamos nuestro potencial. O, peor aún, podemos hacer descarrilar nuestra carrera. Así como un tren que se sale de la vía jamás llega a su destino y puede dañar tanto a sus pasajeros como el entorno, alguien cuya carrera se encalla no alcanza su pleno potencial y, a menudo, deja un reguero de daños a su alrededor. El descarrilamiento profesional se traduce en la negación de un ascenso; en quedar marginado, ser degradado o forzado a irse; o en la asignación de un rol reducido, una jubilación anticipada o una carta de despido.

Los investigadores han descubierto que las personas que tuvieron éxito a largo plazo en sus carreras y aquellas que las hundieron compartían muchas cualidades similares: eran inteligentes, ambiciosas, hacían sacrificios por sus futuros y tenían un buen historial de éxitos. Sin embargo, aquellos que alcanzaron los niveles más altos de liderazgo tendían a mantener la compostura bajo estrés, manejaban los errores con aplomo y elegancia, y se llevaban bien con una gran variedad de personas, entre otros factores. Por el contrario, los que descarrilaron tenían malas relaciones laborales, eran incapaces de evolucionar o adaptarse al cambio y tenían dificultades para liderar equipos.[4] Décadas de investigación han hallado patrones consistentes sobre por qué las personas de alto rendimiento hunden sus carreras. ¿Te sientes identificado con alguna de tales razones?

Dificultad para construir y mantener relaciones interpersonales

- Te ven como insensible, hostil, intimidante o abusivo.
- Los demás te perciben como frío, distante o arrogante.
- Tienes un pobre control emocional; eres volátil e impredecible bajo presión.
- Culpas a los demás de los problemas.
- Cometes frecuentes errores políticos; generas rechazo en la gente.
- Tus compañeros evitan trabajar contigo.

Dificultad para construir y liderar un equipo

- Te ven como autoritario y autocrático.
- Microgestionas; no delegas ni capacitas a los demás.
- Incapacidad para motivar y desarrollar a los subordinados.
- Tomas malas decisiones de contratación.
- La moral de tu personal es baja; tienes una alta rotación.

Incapacidad para evolucionar o adaptarse a las transiciones estratégicas

- Tienes dificultad para pasar de tu área de especialización (es decir, el nivel técnico/táctico) al enfoque más amplio del nivel general/estratégico.
- Dependes en exceso de un superior, mentor o patrocinador.
- Eres incapaz de adaptarte a un jefe con un estilo diferente.

Comportamientos inapropiados o inmaduros

- Tienes estallidos, reaccionas de forma exagerada y pierdes la compostura.
- Eres incapaz de manejar el estrés.
- Muestras poca voluntad para aceptar la responsabilidad por los problemas.
- Tu integridad o sinceridad son cuestionables.
- Creas chismes y difundes rumores.
- Eres incapaz (o tienes poca voluntad) de aceptar y actuar según el *feedback* o de aprender de los errores.

Falta de perspectiva estratégica/incapacidad para cumplir objetivos

- Dependes en exceso de tus habilidades técnicas.
- Te sientes abrumado por la complejidad del negocio.
- Te consumes en los detalles y las reuniones.
- Eres incapaz de priorizar.[5]

Las razones del descarrilamiento son las mismas en todos los sectores y tanto para hombres como para mujeres. Como concluyó un informe de investigación:

> El descarrilamiento tiene que ver con el hecho de que un individuo es incapaz de «encajar» con las exigencias del puesto a lo largo del tiempo y en niveles organizativos sucesivamente más altos.[6]

En otras palabras, aquello que nos hizo exitosos al principio de nuestra carrera ya no es suficiente en niveles de liderazgo progresivamente más altos. El descarrilamiento es un problema de autodesarrollo o, mejor dicho, de falta de autodesarrollo. Para seguir avanzando en nuestra carrera y evitar hundirnos, se requiere un compromiso para evolucionar de cara a las siempre cambiantes exigencias. ¿Alguno de los motivos de descarrilamiento que acabamos de ver te resulta familiar?

Muchos de estos factores de desvío se relacionan con el autoconocimiento —la gente no se entiende a sí misma ni cómo sus comportamientos afectan a los demás— o la autogestión, el deseo o la capacidad de lidiar con nuestras acciones y comportamientos. La cuestión es que podemos prevenir el hundimiento profesional, e incluso recuperarnos de él, si nos entendemos y nos gestionamos mejor a nosotros mismos.

Más allá del coste personal de cualquier descarrilamiento laboral, este también tiene un alto precio para nuestros compañeros, para las organizaciones para las que trabajamos y para la sociedad en general. Por desgracia, el mal liderazgo abunda.

Muchos de los factores que hemos visto pueden conducir al descarrilamiento, pero no tienen por qué hacerlo. Como señalaba un informe:

A veces, las organizaciones no se preguntan si los defectos interpersonales son contraproducentes, y están dispuestas a tolerar esas debilidades mientras se obtengan resultados y la rotación voluntaria no sea un problema. Otras organizaciones tolerarán los defectos interpersonales si una persona aporta muchísimo a la empresa (p. ej., es un especialista en reflotar proyectos o un generador prolífico de buenas ideas). Una explicación de cómo surgen las diferencias en los factores de descarrilamiento es que las organizaciones tienen culturas diferentes: distintos conjuntos de expectativas, creencias y comportamientos que influyen en cómo se trata a las personas, cómo se prospera y cómo se gestionan los errores.[7]

Probablemente todos hemos trabajado para personas que tenían algunas o muchas de las cualidades mencionadas y que, aun así, eran toleradas en su empresa o incluso ascendidas. Y también es probable que hayamos dejado de trabajar para esos jefes y compañías, porque los líderes con estas carencias suelen provocar una alta rotación en sus equipos.

Según las investigaciones, aproximadamente la mitad de todos los cargos superiores se encuentran en algún punto del espectro que va de lo ineficaz a lo tóxico; solo alrededor de un tercio de los empleados se sienten comprometidos en el trabajo, y los jefes directos son responsables de más del 70 % de esa variación en el compromiso de los empleados.[8] A pesar de los 315.000 millones de euros que se gastan anualmente a nivel mundial en la formación de directivos, en Estados Unidos solo el 14 % de los empleados confía en que sus líderes puedan hacer avanzar a sus organizaciones en el futuro. Además, los propios directores no confían en sus capacidades: solo la mitad de ellos cree estar bien equipado para guiar sus organizaciones en el futuro.[9]

Este déficit de liderazgo conlleva un coste muy alto para las personas, las empresas y la sociedad: ansiedad, depresión, talento humano desaprovechado, alta rotación y una pérdida estimada de 7,5 billones de euros por baja productividad.[10] Es un problema mayúsculo en todo el mundo, y es algo que podemos solucionar.

* * *

Hace muchos años, fui testigo de un descarrilamiento profesional de alto perfil: un alto ejecutivo de una empresa de la lista Fortune 500 fue despedido de un día para otro. Este hombre, al que llamaré Paul, era un ejecutivo muy inteligente, exitoso y bien pagado, con fama de obtener siempre los mejores resultados. Pero también era popular por ser agresivo, un tanto déspota y testarudo, así como hostil con la gente que dependía de él. Un día, el equipo de Paul se presentó ante el jefe de este con un ultimátum: o despedía a Paul o todo el equipo dimitía. Ganaron. Paul fue despedido esa misma tarde. Como su comportamiento era conocido por muchos dentro de la empresa y en el sector, tenía pocas personas a las que recurrir para que lo apoyaran o lo ayudaran a conseguir otro trabajo. Tardó muchos meses en encontrar un nuevo puesto, y fue en un nivel inferior y con un salario mucho más bajo. No es que Paul no tuviera muchos buenos atributos —era inteligente, trabajador, ambicioso y productivo—, pero sus defectos acabaron pesando más. Fueron su insensibilidad hacia los demás y su dificultad para crear y mantener relaciones lo que, en última instancia, hundió su carrera.

Así es como suele funcionar el descarrilamiento profesional: en un momento dado, los comportamientos preocupantes que siempre han estado ahí superan todos los aspectos positivos. El hundimiento suele ocurrir de la misma manera en que Ernest Hemingway, en *Fiesta*, describe cómo se llega a la bancarrota: «Poco a poco, y de repente».

* * *

Muchos de los factores de descarrilamiento que hemos visto ahondan sus raíces en la falta de autoconocimiento y autogestión. Como veremos en los próximos dos capítulos, la mayoría de nosotros no somos expertos en estas áreas, y esto puede hacer que sea difícil trabajar con nosotros y que nos frene. Incluso hacer descarrilar nuestra carrera. Sin embargo, cuando nos entendemos a un nivel profundo y nos gestionamos en consecuencia, podemos convertirnos en el líder que de verdad queremos ser.

3

Entiéndete a ti mismo

Phil, científico de datos en una empresa tecnológica de California, describe su trayectoria de liderazgo con una sola palabra: accidentada. En sus propias palabras:

Hace varios años, asumí un cargo directivo en una importante empresa de comunicación y empecé a dirigir a personas que, a su vez, dirigían a muchas otras. Con el tiempo, se convirtió en un gran equipo y en un gran puesto. Tenía mi propio despacho y una plaza de aparcamiento propia: todo el mundo sabía que yo formaba parte del equipo directivo. Con mi nuevo cargo, pensé que tenía que actuar de forma diferente, más como un ejecutivo. Como mi propio jefe había ascendido muy rápido en la organización y era la persona más joven que jamás había ocupado ese puesto, lo tomé como modelo y empecé a emularlo. Mi jefe siempre dejaba claro que era el tipo más listo de la sala, así que yo empecé a hacer lo mismo. Conmigo era distinto: me hacía sentir inteligente y consumado, y lo hacía menospreciando a los demás para engrandecerme a mí, siguiendo su ejemplo.

Mis nuevos comportamientos causaron un gran revuelo, pero no de la manera que yo esperaba. En un momento dado, tuve que despedir a una persona de mi equipo, y no lo hice bien. Tengo cierta aversión al conflicto y no fui capaz de mirarla a los ojos. Su rendimiento había empeorado paulatinamente, pero yo reaccioné de forma inmadura a la hora de gestionar la situación, y eso me dejó con un gran remordimiento y muy decepcionado conmigo mismo. Justo después, otra persona de mi equipo anunció que se iba, y la razón que me dio me dejó de piedra: dijo que estaba asqueado de mí y que no podía trabajar para alguien que trataba tan mal a los demás. Aquello me sacudió de verdad, y en ese momento tuve que mirarme al espejo. No me gustó lo que vi. ¿Quién querría trabajar en mi equipo? ¡Yo no, por supuesto! Hasta ese momento, no me había dado cuenta del impacto que los líderes tienen en su gente y en sus emociones. Me sentí fatal, y esa experiencia fue el toque de atención que necesitaba.

Phil empezó a reflexionar sobre quién y qué le había influido y sobre los momentos cruciales de su vida y de su carrera, haciendo balance de esas influencias y de cómo se manifestaban en su estilo de liderazgo. Por aquel entonces, Phil participaba en un programa de liderazgo para ejecutivos asiático-estadounidenses. Uno de los ejercicios consistía en definir los atributos de un líder en un máximo de veinte palabras. Aunque el grupo se inclinó por adjetivos como «fuerte», «decidido» e «inspirador», ninguna de esas palabras conectaba realmente con Phil.

Empezó a pensar en cómo describiría él mismo a un líder y encontró la palabra que más resonaba con él: «maestro». Fue entonces cuando, según cuenta Phil, «me di cuenta de que, para mí, un líder es un maestro que capacita a sus seguidores para que tengan éxito y ayuda a sus equipos a triunfar. Era una definición que me entusiasmaba y que encajaba con mis valores. Y mirando atrás en mi vida, yo había sido maestro, mentor y creador de equipos en muchas situaciones, pero me había desviado de esos comportamientos porque creía que, como directivo, necesitaba ser diferente». Una vez que Phil conoció su definición, entendió mejor los comportamientos que necesitaba adoptar y abandonó todo aquello de mostrarse como el tipo más listo de la sala.

Phil atribuye el giro radical de su liderazgo a haber dado un paso atrás para analizarse en profundidad y a usar ese conocimiento para formular una filosofía coherente: «Empecé a promocionar al equipo de forma proactiva, en lugar de alardear de mí mismo». Phil sonrió mientras me contaba el éxito de sus equipos, los premios que sus miembros habían ganado, los puestos a los que habían llegado y cómo, además, sigue en contacto con las personas que se han ido de la empresa. Había dejado de ser el jefe del que la gente se escapaba para convertirse en el líder con el que todos anhelaban trabajar.

La historia de Phil demuestra cómo nos influyen las personas y las experiencias de nuestra vida, y cómo profundizar en nosotros mismos, para entendernos de verdad como individuos únicos, nos conduce a un mayor éxito. También ilustra cómo autocomprendernos y saber el tipo de líder en que queremos convertirnos nos ayuda a controlar nuestra forma de presentarnos. Hace que los comportamientos necesarios para alcanzar nuestro objetivo sean más evidentes. Y más convincentes.

Qué es el autoconocimiento y por qué importa

El autoconocimiento consiste en tener claro quiénes somos y qué queremos, así como en entender cómo nuestros comportamientos afectan a los demás. Incluye comprender a las personas, los acontecimientos y las ideas que han moldeado nuestras percepciones, qué nos motiva, qué valoramos y qué queremos lograr en nuestro tiempo en la tierra, tanto personal como profesionalmente, y a qué estamos dispuestos a renunciar para conseguirlo.

El autoconocimiento es la base de un liderazgo eficaz. Sin embargo, la sociedad no suele tenerlo en demasiada estima. Con publicidades que nos dicen qué desear y cómo medir el éxito —normalmente con dinero y las cosas que el dinero puede comprar—, el poder de los *influencers*, los «me gusta» en nuestras redes sociales y, a menudo, familias que nos empujan a «triunfar», se nos enseña a perseguir lo que otros tienen, a desear lo que otros desean y a preocuparnos más por el estatus y la aprobación que por el autoconocimiento, el crecimiento personal o el llevar una vida con sentido. Mirar hacia fuera en lugar de hacia dentro nos conduce a una falta de claridad sobre quiénes somos y qué queremos, y esa indeterminación puede llevarnos a tomar malas decisiones.

Los beneficios de entendernos bien a nosotros mismos son inmensos, tanto en nuestra vida personal como profesional. La psicóloga organizacional Tasha Eurich ha descubierto que «cuando nos vemos con claridad, tenemos más confianza y somos más creativos. Tomamos decisiones más acertadas, construimos relaciones más sólidas y nos comunicamos con mayor eficacia. Somos menos propensos a mentir, engañar y robar. Nos desempeñamos mejor en el trabajo y obtenemos más ascensos. Somos líderes más eficaces con empleados más satisfechos y empresas más rentables».[1] También descubrió que este proceso de autoconocimiento abarca tanto la paradójica autoconciencia interna, que implica lo bien que nos entendemos a nosotros mismos, lo bien que sabemos qué nos impulsa y cómo nuestros comportamientos afectan a los demás, como la autoconciencia externa, que consiste en entender cómo nos perciben los demás.

Las investigaciones sugieren que, a menudo, no nos entendemos ni nos gestionamos bien.[2] ¿Cómo saber si perteneces a esta categoría? Existen numerosas señales, o pistas, de que alguien necesita autoconocimiento y autogestión, entre ellas:

- Te enfadas con facilidad o saltas a la mínima.
- Te ofendes fácilmente, eres de piel fina o te tomas a ti mismo muy en serio.
- No sabes escuchar.
- Te preocupa demostrar que tienes razón o ganar una discusión, a menudo a costa de la relación.
- Eres muy dogmático o prejuicioso.
- Tienes un vocabulario emocional limitado.
- Eres indisciplinado, impulsivo y, por lo tanto, impredecible.
- Te cuesta entender la perspectiva de otra persona.
- Te pones a la defensiva cuando recibes *feedback*.
- No eres consciente de cómo tus comportamientos pueden estar contribuyendo a una situación difícil.
- No estás dispuesto a asumir la responsabilidad de tus actos, y a menudo culpas a otros de las situaciones y los resultados.[3]

Además, muchas personas que carecen de autoconocimiento se sienten incomprendidas por la gente que las rodea; esto se debe a que no entienden que sus comportamientos pueden no coincidir con sus intenciones y, por lo tanto, con la imagen que proyectan en los demás. Quienes carecen de autoconocimiento son vistos por los demás como poco fiables, impredecibles, impulsivos, malos oyentes, reacios a entender las perspectivas de otras personas y ajenos a cómo estas perciben sus acciones y su manera de actuar. Esto, por supuesto, suele desembocar en un problema de liderazgo.

El precio a pagar por esta falta de autoconocimiento es alto. Una investigación de Korn Ferry ha revelado que los líderes que carecen de aspectos críticos de autoconocimiento tienen 6,2 veces más probabilidades de descarrilar su carrera.[4] Sin dudas, un coste muy alto por no saber quiénes somos realmente.

La importancia del autoconocimiento tampoco es un concepto novedoso. La frase «Conócete a ti mismo» estaba grabada en las piedras del templo de Apolo en Delfos ya en el siglo VII a. C., y el filósofo griego Aristóteles enseñaba que «conocerse a uno mismo es el principio de toda sabiduría». El autoconocimiento no solo es la base del liderazgo, sino que también nos ayuda a ser mejores seres humanos.

Aun con las evidentes desventajas de la falta de autoconciencia, llegar a entendernos mejor es un desafío, a menudo emocional, que requiere un trabajo profundo. Algunas personas se sienten incómodas con la autorreflexión, pensando que puede remover recuerdos y emociones de otras épocas. Muchas temen ser vulnerables al reconocer heridas, errores o transgresiones. Otras no están seguras de cómo abordarla. Y algunas creen que centrarse en el autoconocimiento suena egocéntrico, un poco *new age*, inútil o incluso egoísta. En realidad, no supone nada de eso. Es, más bien, una forma de amabilidad. Un acto de gentileza hacia nosotros mismos que nos permite entender qué nos impulsa y, por lo tanto, cómo situarnos en entornos donde floreceremos porque se alinean con nuestras fortalezas, intereses y valores. También es un acto de amabilidad con quienes vivimos y trabajamos, ya que el autoconocimiento nos ayuda a mostrarnos de forma más coherente, cómoda y genuina, lo que contribuye a construir confianza y relaciones productivas a largo plazo.

El liderazgo emerge de la historia de nuestra vida y de nuestra cartera única de experiencias, influencias, filosofías, valores y ambiciones. Saber quiénes somos nos da una base sólida. A partir de ella, podemos imaginar el próximo nivel como líderes y como individuos, y así identificar las habilidades y acciones necesarias para convertirnos en la persona que queremos ser. Y entonces empieza el trabajo de cambiar nuestro enfoque y nuestros comportamientos. Un trabajo de verdad. Un trabajo duro. Pero todo empieza con la revelación que se obtiene al entendernos mejor.

Seis preguntas a favor del autoconocimiento

Procesar esta sección te llevará tiempo, y es muy importante que te la tomes en serio. Saltarte estas preguntas o darles solo una respuesta superficial te impedirán alcanzar la introspección fundamental que buscamos. Gestionarnos a nosotros mismos es el paso previo a liderar a otros, y no podemos gestionar lo que no entendemos, sobre todo si lo que no comprendemos somos nosotros mismos.

Por favor, dedica un mínimo de treinta minutos para tu primera pasada por esta actividad. Invierte de cinco a diez minutos por pregunta, anotando rápidamente tus respuestas sobre cada una sin detenerte a pensar demasiado y, sobre todo, sin editarlas para que se ajusten a lo que crees que «deberían ser». Simplemente escribe lo que te venga a la cabeza, sin juzgar. Es posible que al hacerlo se te remuevan algunas emociones; no solo está bien, sino que es normal. Después de haber efectuado una primera pasada, vuelve al ejercicio varias horas más tarde, o al día siguiente, para revisar tus respuestas, reflexionar más sobre las preguntas y ampliar y profundizar en lo que has contestado a cada una. Sé tan honesto contigo mismo como sea posible. Las respuestas y las revelaciones que te aportarán son para ti y para nadie más. Así que, adelante: desnúdate en el papel y siente cualquier emoción que pueda surgir. Cuanto más pensamiento y esfuerzo dediques a responder estas preguntas, más provecho sacarás de este ejercicio, de este libro y de tu propio potencial de liderazgo.

Algunas personas responden a las preguntas por obligación y de forma superficial, algo que desaconsejo por completo. Las respuestas cortas y someras no son suficientes. En mis programas de desarrollo profesional, pido a todos que vuelvan a revisar sus respuestas esa noche o a primera hora de la mañana siguiente para extraer más reflexiones. Cuando nos reunimos de nuevo al día siguiente, resulta claro quién ha pasado tiempo lidiando con las preguntas y extrayendo las reflexiones, y quién no. Son las personas que hacen el trabajo duro de responder con honestidad y en profundidad las que más provecho sacan del programa y las que empiezan a cambiar su forma de entender y liderar. Para muchos, se convierte en un viaje cargado de emociones a medida que descubren más a fondo cómo las personas y los acontecimientos de sus vidas han moldeado su perspectiva y les han influido. Algunos se sorprenden al ver cómo han estado viviendo según los valores de otra persona o siguiendo una serie de «deberías» que poco tienen que ver con su propia definición del éxito. Y otros descubren que viven en sintonía con sus valores o que quizás solo necesitan unos pequeños ajustes para conseguirlo.

Lleva tiempo y esfuerzo profundizar en preguntas como estas, juntar las piezas y extraer las reflexiones. No todos nos sentimos cómodos con eso. Como me dijo Phil: «Los ingenieros somos buenos analizando el mundo exterior, no el mundo interior». También requiere valentía, porque a veces puede ser embarazoso, e incluso doloroso, iluminar nuestro interior y comprender lo que vemos. Y Rohan Rajiv, autor del exitoso blog *A Learning a Day* (Un aprendizaje por día), me dijo: «El poder lo obtienes cuando eres dueño de tu historia y lideras desde la plenitud. A veces tienes que escarbar en las partes desagradables para poder cerrar heridas». Esto puede significar hacer las paces con nuestro pasado y entender que lo que nos moldeó no tiene por qué definirnos; o, como escribió tan bellamente C. S. Lewis: «No puedes volver atrás y cambiar el principio, pero puedes empezar donde estás y cambiar el final».

Estas seis preguntas no te darán «la respuesta», pero contestar de forma completa y honesta te ayudará a ordenar la información de tal manera que logres extraer reflexiones importantísimas.

Puedes responder a las preguntas aquí en el libro, en tu propio diario, en una hoja en blanco o en la plantilla que hay disponible en mi página web (www.margaretandrews.com/mylobookresources). Ten en cuenta que la primera pregunta es una de gran calibre. De todas, esta es la más profunda y probablemente la que más tiempo te llevará responder. Sienta las bases para las otras cinco, por lo que el tiempo que inviertas en responderla no solo te dará una visión de ti mismo y de cómo lideras, sino que también te ayudará a seguir con el resto.

1. **¿Quién, y el pensamiento de quién, te ha moldeado como individuo?** Incluye a padres, hermanos, familia, amistades, amores, rivales, profesores, compañeros de trabajo e incluso desconocidos. Engloba a personas que te ayudaron y a otras que te hicieron daño. También puede incluir ideas de la historia, la filosofía, la religión, tu comunidad, tus cuentos favoritos de la infancia, libros que has leído, clases que has tomado, películas que has visto, charlas que has escuchado y conversaciones que has tenido. ¿Cómo han influido estas personas e ideas en tu vida y en tu forma de liderar?

2. **¿Qué situaciones y acontecimientos han ayudado a moldear tu perspectiva?** Piensa en situaciones y acontecimientos de tu infancia, tu época universitaria, los inicios de tu carrera, tu vida familiar, tus viajes y los accidentes afortunados (y desafortunados). ¿Cómo han influido estas situaciones y acontecimientos en tu vida y en tu forma de liderar?

3. **¿Qué es el éxito para ti?** ¿Cómo definirías el éxito en tu vida profesional? ¿Y en tu vida personal? ¿Hay alguna parte de tus definiciones de éxito que se relacione con un sentido de propósito más amplio y a largo plazo? ¿Cómo han influido estas definiciones en tu vida y en tu forma de liderar?

4. **¿Cuáles son tus valores fundamentales y cómo han cambiado a lo largo de tu vida?** Para ayudarte con esta pregunta, con la que muchas personas tienen dificultades, hay dos enfoques que podrían servir. El primero es mirar tu agenda y ver qué deduciría alguien sobre tus valores al observar tu horario. Por ejemplo, ¿qué tiene prioridad sobre otras cosas? El segundo enfoque es pensar en aquello que te hace enfadar; a menudo, las cosas que nos molestan se relacionan con un valor que ha sido vulnerado o pisoteado. ¿De dónde vienen estos valores (p. ej., padres, religión, educación, amigos, sociedad)? ¿Cómo han cambiado estos a lo largo de tu vida y qué provocó esos cambios? ¿Hasta qué punto vives según tus valores y no los de otra persona? ¿Cómo se manifiestan en tu vida personal? ¿Y en tu vida profesional?

5. **¿Hasta qué punto eres consciente de tus emociones y te permites sentirlas?** Parte de entendernos a nosotros mismos es ser conscientes de nuestro mundo interior de emociones y de cómo estas a menudo dirigen nuestros comportamientos. ¿Eres consciente de la sensación de ira? ¿Cómo te comportas cuando estás enfadado? ¿Y cuando te ves feliz, alegre, triste, celoso, decepcionado, temeroso o percibes cualquiera de las otras emociones que todos sentimos? ¿Cómo responden las personas de tu entorno cuando estás en alguno de esos estados? ¿Cómo han influido tus comportamientos cuando experimentas estas diferentes

emociones a lo largo de tu vida? ¿Cómo han influido estas situaciones en tu vida y en tu forma de liderar?

6. **¿Qué *feedback* has recibido a lo largo de los años sobre cómo tus acciones y comportamientos afectan a los demás?** Esto incluye las opiniones que has recibido a nivel profesional, así como a nivel personal, tanto positivas como negativas. Estés o no de acuerdo con el *feedback*, lo que recibes se relaciona con la percepción que otros tienen de tus comportamientos y es un buen indicio del impacto que tienes en los demás. Te da una idea de cómo otras personas ven tus fortalezas y debilidades, y a veces puede iluminar un punto ciego. Como mínimo, su *feedback* es el regalo de una perspectiva o un punto de vista que quizás no conocías. ¿Cuál fue la mejor opinión que has recibido? ¿Y la más dolorosa? ¿La más sorprendente (ya sea una sorpresa positiva o negativa)? ¿Hay temas recurrentes en estas opiniones? ¿Hay patrones que se relacionen con tu autoconocimiento y autogestión? ¿El *feedback* es relativamente estable en el tiempo o ha cambiado durante tu carrera? ¿Algo de esas opiniones se relaciona quizás con no ser consciente de tus emociones (p. ej., la ira) y de cómo tus comportamientos afectan a los demás? ¿Qué reflexiones puedes extraer de todo este *feedback* sobre cómo ven los demás tus comportamientos?

Al observar tus respuestas, ¿qué conclusiones sacas sobre cómo tu pasado ha moldeado tu forma de pensar? ¿Y tus acciones y comportamientos? ¿Tu situación actual? ¿Aquello que valoras? ¿Estás siguiendo o viviendo tus valores o los de alguien más? ¿Cómo quieres contribuir al mundo? ¿Qué patrones observas? ¿Qué ideas y perspectivas te siguen siendo útiles, y cuáles de ellas puede que necesiten una actualización o una reescritura?

Intuición

A lo largo de los años, muchas personas han compartido conmigo sus historias sobre las importantes revelaciones que han tenido a partir de estos y otros ejercicios de autorreflexión, y me interesa hablarte de cuatro de ellas.

* * *

Katie Doran, antigua alumna de MYLO y ahora directora sénior de operaciones físicas en LightForce (una empresa dedicada a la ortodoncia), me contó una revelación que tuvo durante una clase:

—Teníamos que averiguar cómo construir algo en equipo, y yo estaba bastante segura de que sabía cuál era la mejor manera de abordarlo. No paraba de pensar: «Tengo razón», y actué con la confianza de que mi evaluación era la correcta. Al final, obtuvimos el peor resultado y la experiencia grupal fue horrible.

Durante la sesión de *feedback* posterior al ejercicio, los compañeros de trabajo de Katie la describieron como una «apisonadora» y sentenciaron que su actitud durante la prueba había provocado que el equipo quedara en último lugar.

—Aunque ese comentario me dolió, supe en el acto que era verdad. No era una anomalía. Era la forma en que yo solía actuar bajo presión. Sentir que tenía el control me ayudaba a sobrellevar las situaciones de estrés. No confiaba en mis compañeros y no entendía, ni siquiera pedía, el punto de vista de nadie más.

Katie ya había oído algunos de estos comentarios antes, pero no les había dado la debida importancia:

—Recibir este *feedback* en un entorno académico me permitió reflexionar sobre ello de otra manera, y me cambió. La fuerza de mis propias convicciones, y la forma en que me impulsaban a comportarme incluso en una situación de tan bajo riesgo, se hizo profundamente evidente. Una vez que mis creencias sobre mi necesidad de control y mi desconfianza en los demás cambiaron, lo hicieron también mis comportamientos. Mi manera de enfocar el trabajo se modificó por completo, y mi nueva forma de actuar ha demostrado ser mucho más exitosa en el trato con los demás.

* * *

Christopher Held, antiguo alumno de MYLO y alto ejecutivo en una empresa de la lista Fortune 500, comenzó así su historia:

—Acepté un nuevo trabajo después de varios años en una importante consultora estratégica. Sentía que sabía lo que hacía.

Pero en el equipo de Chris había alguien que cuestionaba sus opiniones, evaluaciones y decisiones.

—Solía clasificar a la gente entre los que creía que eran amables y me apoyaban, y los que parecían preferir la confrontación. Decidí clasificar a esta persona como combativa y le devolví el golpe.

Tiempo después, Chris atravesó una difícil situación en el trabajo, en la que su propio jefe le fue de poca ayuda e incluso llegó a insinuarle que su puesto corría peligro. Además, estaba a punto de tener un bebé. El hombre al que Chris había clasificado previamente como «combativo» resultó ser una de las personas que más le ayudó en ese momento. Según Chris:

—Un día pasó por mi despacho y me dijo: «Vamos, disfrutemos de un simple partido de fútbol». Y eso hicimos. Me invitó a su casa a ver la televisión y a ayudarme a desconectar de todo lo que me estaba estresando. Durante la conversación, le mencioné que siempre había pensado que él estaba en mi contra, por lo que me sorprendió su amabilidad en ese momento.

Resultó que el colega de Chris se describió a sí mismo como una persona de opiniones firmes: si no estaba de acuerdo con alguien, lo dejaba muy claro y pedía que le mostraran argumentos; no estaría de acuerdo con su evaluación o decisión solo porque fuera inteligente, de mayor rango o agradable. Quería que lo convencieran.

—Aquello fue toda una revelación para mí —dijo Chris—. Me hizo darme cuenta de que esa persona, en realidad, me estaba ayudando a mejorar, a afinar mis argumentos. También me percaté de que yo me había estado proyectando como si fuera una gran cosa, y ahí estaba él, siendo infinitamente humano y amable conmigo justo cuando yo sentía que todo se desmoronaba. Era mi propio comportamiento lo que nos hacía chocar. Tardé un tiempo en darme cuenta de que me estaba proyectando de la manera equivocada y de que eso haría que la gente respondiera negativamente a lo que yo hacía y decía.

La autorreflexión no solo nos permite entender cómo nuestras acciones afectan a los demás, sino que también ofrece otros beneficios esenciales para nuestro desarrollo. Por ejemplo, conectar con nuestros valores y comprender mejor quién y qué pensamiento nos ha moldeado, así como nuestra definición del éxito, se hallan en la base de decisiones profesionales clave, tal y como demuestran las dos historias siguientes.

* * *

Beat Buhlmann es director de informática interino de una gran empresa internacional en Suiza:

—Decidí dedicarme a la gestión interina, como, por ejemplo, a reestructuraciones de empresas, porque me gusta trabajar por proyectos. En este tipo de empleo, llegas, analizas, lo arreglas y no tienes que lidiar con un montón de batallas políticas. Entras y sales en tres o cuatro meses. Me va muy bien y me permite tener mucha más libertad. Mi hijo acaba de cumplir once. En un par de años, será un adulto y seguirá su propio camino. Quiero hacer todo esto ahora porque puedo tomarme un descanso en verano y tener seis semanas de vacaciones con él. Si trabajara para la mayoría de las corporaciones, no podría.

* * *

Daniel Mouen Makoua, líder de una empresa global de servicios medioambientales con sede en Londres, me contó cómo sus influencias más tempranas han afectado sus decisiones profesionales:

—Mi padre me influyó mucho. Siempre me pedía que cuidara de la gente de nuestro pueblo, que está cerca de Duala, en Camerún. De él aprendí el sentido del propósito y la responsabilidad, junto con el deber de proteger, especialmente a los menos privilegiados. De mi madre, una mujer francesa que creció en un entorno humilde durante la Segunda Guerra Mundial, heredé la determinación, la innovación, el pragmatismo y la resiliencia. Y un amigo íntimo de la familia, que creció en el mismo pueblo que mi padre, llegó a ser ministro de Economía en Camerún. De él aprendí a pensar a nivel estratégico y el papel que uno debe desempeñar en la gestión de un país. También saqué de él que las finanzas son el lugar donde reside el poder, lo que influyó en mi elección de carrera.

Tras una larga carrera en finanzas, todas estas influencias confluyeron para Daniel:

—Quería restaurar nuestra conexión con la naturaleza y fundé una empresa para eso. Este compromiso con las personas y, por extensión, con el mundo que habitamos, es el principio rector de nuestra compañía. Lo aplicamos con diligencia, ya sea con las comunidades rurales de Escocia, las naciones nativas americanas de Virginia o Minnesota, o en toda África. Esto aúna todas mis influencias tempranas, el sentido del propósito, el deber de protección, el pragmatismo, la determinación y la innovación, e incluso las finanzas, con el objetivo de mejorar el mundo. Todo ha cobrado sentido.

Las preguntas no son para todo el mundo

He compartido las seis preguntas con innumerables personas de diversos orígenes y sectores, y he descubierto un patrón evidente. Quienes les dedican más tiempo sacan más provecho de ellas. Y quienes las responden deprisa y corriendo, o se niegan a implicarse, no se benefician de las revelaciones que se obtienen.

* * *

Christine, una emprendedora, llegó al programa MYLO con el objetivo de aprender cómo hacer que la gente se sumara a su visión y así llevar su negocio al siguiente nivel. Antes de empezar la sesión, se me acercó para hablarme de su empresa, de cómo la había levantado de la nada y abierto un nuevo local en un lugar icónico de Nueva York. Luego pasó a contarme lo difícil que era retener a los empleados, que nadie parecía «entender de qué iba la cosa», y que quería aprender algunos trucos y técnicas para gestionar mejor a su equipo. Cuando llegamos a las seis preguntas, Christine se resistió. Pasó unos instantes escribiendo y luego cogió el teléfono para revisar sus mensajes. Me acerqué y la animé amablemente a que dedicara más tiempo a profundizar en aquellas cuestiones, a que escribiera lo que le viniera a la mente sin editarlo y a que intentara prestar atención al *feedback* que había recibido a lo largo de los años, porque podría haber algunas buenas reflexiones ahí. Me lanzó una mirada de fastidio, suspiró y volvió a coger el bolígrafo para empezar a escribir. Cuando levanté la vista unos minutos más tarde, Christine estaba otra vez con el teléfono, así que intenté animarla una vez más. Respondió secamente que ya lo había hecho, y luego se levantó y salió de la sala, con el móvil en la mano.

Durante el resto del programa, Christine participó en los debates, quejándose a menudo de sus muchos empleados problemáticos y pidiendo consejos específicos sobre cómo convencer a los demás para que adoptaran su forma de hacer las cosas. Cualquiera que fuera el problema al que se enfrentaba, parecía que la culpa siempre era de otro. Durante las actividades en grupo, monopolizaba las conversaciones, discutía con los demás sobre por qué su manera era la correcta, opinaba sobre cualquier idea y rara vez escuchaba o entendía de verdad lo que los otros tenían que decir. Al final del programa, estaba claro por qué Christine tenía tantos problemas en su equipo. No solo no se entendía bien a sí misma ni la imagen que proyectaba en los demás, sino que tampoco se mostraba dispuesta a hacer el trabajo duro de reflexionar sobre su situación y sobre cómo su propio comportamiento estaba contribuyendo a su infeliz realidad.

Aunque Christine sacó muy poco provecho del programa, su comportamiento sirvió de lección a los demás, al mostrarles la imagen que proyecta una persona con falta de autoconocimiento y autogestión. Como me dijo un participante más tarde:

—Aprendí exactamente cómo no quiero comportarme en el futuro.

Liderar requiere valentía, y la valentía nace de la claridad

Tus diferencias son las que te permiten liderar de una forma distinta a los demás. La forma más auténtica de liderazgo emerge de la comprensión de quién eres y de lo que te propones hacer con tu tiempo en la tierra. Como dijo una vez Coco Chanel: «Para ser irremplazable, uno debe ser diferente». Eres diferente a los demás, y eso es bueno. Entender esta verdad nos ayuda a tomar las mejores decisiones para nosotros, en contraposición a las que suenan correctas desde la perspectiva de la sociedad o de cualquier otra persona. Nos ayuda a elegir nuestros comportamientos y acciones con más cuidado. Es a partir del autoconocimiento cuando ganamos claridad sobre quiénes somos y en quién queremos convertirnos. Y de esta comprensibilidad obtenemos el coraje para convertirnos en la persona que queremos, es decir, en el líder que solo nosotros podemos ser. No hay nadie como tú, y eso es bueno.

4

Gestiónate a ti mismo

Imani entró en la sala el segundo día de nuestro programa para ejecutivos y caminó hacia mí con el teléfono en la mano y una curiosa cara de «no te imaginas lo que te voy a enseñar». Al acercarse, extendió el brazo y me mostró lo que había en la pantalla. Un correo electrónico. Luego me entregó el móvil y me pidió que lo leyera.

Estaba dirigido a unas diez personas, incluida Imani, y tenía un asunto de dos palabras: «Mal humor». A esto le seguía, en el cuerpo del correo, un: «Equipo, hoy no estoy de buen humor, así que disculpad si me salto las formalidades», firmado por alguien llamado Beth.

—Esa es mi jefa —dijo Imani con las cejas arqueadas—. Este es un correo que recibimos varias veces al año. Cuando llega, todos nos preparamos para un día que probablemente también nos pondrá a todos de mal humor. Siempre que Beth manda un correo así, sabemos que no solo va a saltarse las formalidades, sino que va a ladrarle a la gente en las reuniones, a desahogar su frustración sobre todo lo que le molesta y a perder la paciencia cuando no intuyamos al instante lo que quiere. La mayoría de los días que manda un correo de estos, se comporta de manera directamente cruel y desagradable, y todos intentamos evitarla; en caso contrario, te marchas con la sensación de que te ha pasado una lija por encima.

Imani puso los ojos en blanco y sacudió la cabeza.

La malhumorada Beth es el ejemplo clásico de alguien que tiene suficiente autoconocimiento para saber que está de mal humor, pero que carece de las habilidades para autogestionarse, haciendo que los demás sufran las consecuencias. Entendernos a nosotros mismos es la base de un liderazgo eficaz, pero es solo el punto de partida; también necesitamos visualizar el líder en el que queremos convertirnos y luego autogestionarnos para alcanzar ese estado futuro.

En este capítulo hablaremos precisamente de ese «nuevo tú», y del arduo trabajo de sustituir una forma habitual de reaccionar por un nuevo comportamiento que te acerque a tu meta. El líder que serás y el impacto que generarás dependen de ti. Elige tu camino y hazlo realidad.

Claro que es más fácil decirlo que hacerlo, y en este capítulo profundizaremos en el cómo de la autogestión, en los obstáculos que pueden interponerse y en la manera de superarlos. Este capítulo debería venir con dos advertencias: (1) «Trabajo duro por delante» y (2) «Aquí es donde mucha gente abandona». Supongo que a ti no te asusta el trabajo duro.

Del autoconocimiento a la autogestión

El liderazgo nace de tu pasado y se moldea con tu intención. Entendiéndote ahora a un nivel más profundo, ya puedes iniciar de manera consciente la metamorfosis hacia el líder que eliges ser. Cuando sabes a dónde quieres ir, cómo defines el éxito y qué estás dispuesto a hacer para lograrlo, entras en el reino de la autodeterminación. Las respuestas a las seis preguntas del capítulo 3 te han permitido conectar tus valores con tus aspiraciones, entender las influencias que te han formado y ver con claridad cómo tu comportamiento afecta a los demás. Y en el capítulo 1 empezaste a pensar en el líder que eres hoy, en el que te gustaría llegar a ser y en las habilidades y comportamientos que necesitarás para lograrlo. El autoconocimiento nos da la visión, pero la autogestión nos ayuda a llegar al destino. Al modificar nuestra conducta, no solo alteramos cómo nos perciben y cómo reaccionan los demás, sino que también cambiamos nuestra propia forma de pensar y sentir. Con el tiempo, este nuevo comportamiento se vuelve una parte natural de nuestro liderazgo y de quienes somos, generando una transformación profunda en nuestras capacidades y en los impactos que creamos con y a través de los demás.

Podemos elegir si queremos reaccionar a lo que tenemos delante, como hemos hecho en el pasado, o si preferimos tener una respuesta más consciente, deliberada y útil:

Entre el estímulo y la respuesta hay un espacio. En ese espacio reside nuestro poder para elegir nuestra respuesta. En nuestra respuesta yace nuestro crecimiento y nuestra libertad.

A menudo atribuida a Viktor Frankl —psiquiatra y psicoterapeuta austriaco, superviviente del Holocausto y autor de *El hombre en busca de sentido*—, esta idea capta la esencia de lo que abordaremos en este capítulo.

Para tener el impacto deseado, nuestros comportamientos deben estar en sintonía con nuestras intenciones. Si queremos fomentar la creatividad en el equipo, es mejor preguntar a los demás cómo solucionar un problema y reconocer los méritos de sus ideas. La alternativa, que frena la innovación, es presentar nuestras propias ideas primero o señalar rápidamente los fallos de las de los demás. O si deseamos aprender a escuchar mejor, podemos dejar que la gente termine de exponer sus ideas antes de responder, o hacer más preguntas para asegurarnos de que captamos su perspectiva, en lugar de interrumpirlos o suponer que entendemos la situación lo suficientemente bien como para dar un consejo. El camino de la autogestión está marcado por el esfuerzo y, a menudo, por los errores. Sin embargo, perseverar en él nos lleva a obtener resultados mucho más valiosos y significativos. Tal y como me pasó a mí al aprender a alzar la voz en las reuniones. O como le ocurrió a Phil, que al darse cuenta de que se había convertido en el tipo de líder que detestaba, decidió redefinir su visión de liderazgo y redirigir sus acciones para alinearse con ella.

Con la autogestión, no intentas cambiar tu personalidad. Intentas modificar tu comportamiento. La *coach* ejecutiva Jennifer Porter describe esta capacidad como «una elección consciente de resistir una preferencia o un hábito y, en su lugar, demostrar un comportamiento más productivo».[1] Nuestros comportamientos son una elección. Una elección deliberada. Y toda elección tiene sus consecuencias.

La autogestión no es otra cosa que la capacidad de elegir de forma consciente aquellas acciones y comportamientos que nos acercan a nuestras metas. El modelo de autogestión (figura 4.1) describe precisamente esto. Primero, hacemos el trabajo del autoconocimiento: un viaje a nuestro pasado para explorar las experiencias e influencias que nos moldearon y para comprender mejor nuestros valores, nuestra conciencia emocional y nuestra definición del éxito. Este proceso nos aporta una profunda revelación sobre quiénes somos y qué es lo que de verdad nos importa. Es en ese preciso momento cuando entramos en el terreno de la autogestión.

El autoconocimiento y la autogestión conducen al impacto que buscamos

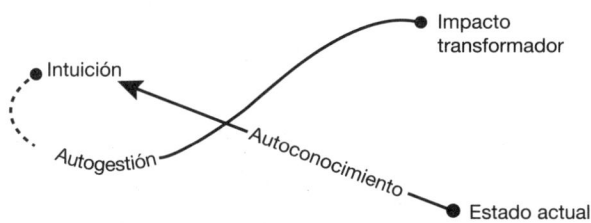

Figura 4.1. El modelo de autogestión.

La autogestión es un proceso intencionado que se inicia cuando decidimos en qué tipo de líder nos queremos convertir. A continuación, determinamos qué hará falta para llegar a ser esa persona; en concreto, los comportamientos y las habilidades que nos ayudarán en el camino. Por último, trabajamos en estos hasta que los dominamos y se convierten en una parte natural de nuestro estilo de liderazgo. Al igual que con la curva en S, al desarrollar una nueva habilidad o comportamiento, mejoras lentamente, después tu crecimiento se dispara, y el resultado es una transformación real.

* * *

Este puede ser un proceso caótico, y habrá momentos en los que recaigamos en viejos comportamientos o en los que, simplemente, no lo hagamos bien, como descubrió Shaun Carver, director ejecutivo de la International House de la Universidad de California, Berkeley:

—Es muy fácil tener una recaída. Durante la mayor parte de mi vida he sido impaciente tanto con las situaciones que me rodean, como con otras personas y conmigo mismo, y he trabajado duro para cambiarlo.

Cuando le pregunté cómo había abordado este cambio, me contó tres cosas:

—El primer ajuste que hice fue cambiar mis expectativas sobre los tiempos. En un lugar donde trabajaba, el ambiente era completamente frenético y todo el mundo estaba desbordado. Había múltiples crisis, lo que provocaba mucho agotamiento profesional (*burnout*). Luego me fui a trabajar a otra organización que se ubicaba en el extremo contrario del espectro: sentía que todo ocurría a cámara lenta y que nada era urgente. Así que ahora estoy buscando un feliz punto intermedio, y mi equipo me ha ayudado mucho en esto: queremos generar cambios y queremos ver progresos, pero no todo es una emergencia.

En segundo lugar, he pensado mucho en qué tipo de organización quiero crear. No quiero que sea una cultura de agotamiento, de «dispara primero, apunta después», como la primera organización, ni quiero que nuestro lema sea «preparados, preparados, preparados» y que simplemente contemos cuánto falta para jubilarnos como en la otra. Busco un enfoque comedido y moverme al ritmo adecuado.

Y, por último, estoy aprendiendo a ser más amable conmigo mismo, lo que me ayuda a ser más paciente con los demás. Con los años he aprendido a ser más así, pero a veces tengo una recaída y no lo hago tan bien como me gustaría.

Se necesita intención, tiempo y esfuerzo para desarrollar nuevas habilidades y comportamientos, lo que incluye ser constante en el proceso y volver una y otra vez a nuestra intención y a la práctica del nuevo comportamiento.

Estamos siempre en vías de llegar a ser, y el éxito a largo plazo llega a través de una serie de esfuerzos intencionados. Una vez que dominamos un nuevo comportamiento, nuestro nivel de impacto es mayor. Nosotros mismos hemos evolucionado al aprender esta nueva habilidad, y esto nos permite obtener mejores resultados. Nos estamos acercando. En este punto, es el momento de lanzar una nueva ronda de autorreflexión, introspección y trabajo concreto. Elevar nuestro listón de habilidades y comportamientos es un proceso continuo: cada nuevo nivel de liderazgo exige un nuevo nivel personal. En muchos sentidos, nos transformamos con cada avance, y este crecimiento nos encamina a elevar nuestro listón de nuevo, una y otra vez (y otra más). Así es como seguimos evolucionando como líderes: a través de una serie continua y deliberada de elecciones sobre quiénes somos y en quiénes queremos convertirnos (véase figura 4.2).

Hay una gran variedad de habilidades y comportamientos que nos convierten en líderes eficaces.

El ciclo continuo del impacto transformador

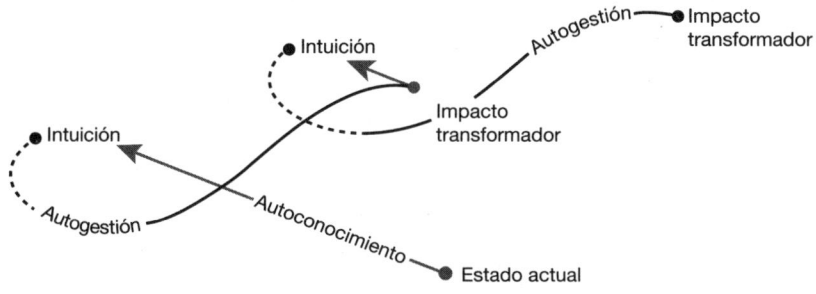

Figura 4.2. El ciclo continuo del impacto transformador.

Y aunque entender de estrategia y finanzas puede ayudarnos a lo largo de nuestra carrera, la mayoría de las habilidades y comportamientos que surgen en el programa MYLO tienen que ver con las habilidades interpersonales y, más concretamente, con entender y gestionar las emociones que impulsan nuestro comportamiento.

El rol de las emociones

A menudo, nuestro desarrollo como líderes depende de una regulación emocional más eficaz. Y así como necesitamos entendernos a nosotros mismos para poder gestionarnos, también requerimos comprender nuestras propias emociones para lograr administrarlas. Una vez más, no podemos manejar algo de lo que no somos conscientes o que no entendemos.

Tal vez te consideras una persona muy emocional o alguien que no lo es en absoluto, pero la realidad es que las emociones nos atraviesan todo el tiempo. Es parte de lo que nos hace humanos. La pregunta es: ¿gestionas tú a tus emociones o son tus emociones las que te gestionan a ti? A menudo se nos dice en el trabajo, e incluso en las familias, que es mejor dejar los sentimientos fuera de la conversación o de la toma de decisiones. Sin embargo, como seres humanos, esto es sencillamente imposible, porque cada uno de nosotros viene totalmente equipado con una gama de sensibilidades que nos acompañan en todo momento. Siempre. Por ejemplo, podrías sentir ansiedad al pensar que ser un líder más eficaz exige conectar con tus emociones. O, tal vez, enfado porque hablemos de emociones en un libro como este. O, simplemente, aburrimiento porque crees que ya sabes todo esto.

¿Qué son las emociones? Según el psicólogo Paul Ekman:

Las emociones son un proceso, un tipo particular de valoración automática influida por nuestro pasado evolutivo y personal, en el que sentimos que algo importante para nuestro bienestar está ocurriendo, y un conjunto de cambios psicológicos y comportamientos emocionales empieza a lidiar con la situación.

En otras palabras, las emociones son reacciones naturales e involuntarias a un estímulo. Tenemos una experiencia subjetiva, luego una respuesta fisiológica y, finalmente, una respuesta conductual.[2]

Para que te hagas una idea, vamos a realizar un ejercicio rápido. Mira hacia la puerta de la habitación en la que te encuentres. Ahora imagina que está cerrada y que empieza a abrirse muy lentamente. Mientras la puerta sigue abriéndose, tras unos segundos de expectación, ves que lo que hay detrás y está a punto de entrar en la habitación es un oso. No el adorable personaje de Winnie-the-Pooh ni un osito de peluche, sino un enorme oso pardo, un *Ursus arctos horribilis*, de más de dos metros de altura y que podría pesar hasta 360 kilos. Imagina a este oso pardo entrando en la habitación en la que te encuentras ahora mismo. ¿Qué emoción podrías sentir? Cierra los ojos, recrea este escenario y observa qué emoción surge en ti. ¿Sientes algo en tu cuerpo? Si es así, toma nota y experimenta esa sensación.

Las respuestas típicas a esta pregunta incluyen «terror», «miedo», «sorpresa» y «pánico». Y serían palabras acertadas, porque un oso es grande, tiene garras largas y mandíbulas poderosas, y podría hacerte daño. Estas emociones te están alertando de un peligro potencial, de una amenaza en tu entorno.

Ahora vuelve a mirar la puerta de la habitación e imagina que se abre de nuevo lentamente. Tras unos segundos de expectación, ves que es la persona que más quieres en este mundo la que está a punto de entrar. ¿Qué emociones podrías sentir al verla? Las respuestas típicas aquí incluyen «alegría», «felicidad», «alivio» y «serenidad». ¿Sientes algo en tu cuerpo esta vez? Si es así, toma nota y experimenta esta sensación.

Ya sea el oso pardo o la persona que más quieres la que entra en la habitación, has tenido una respuesta emocional a un estímulo. Dos situaciones diferentes, ver una fiera o a un ser querido, evocan emociones muy distintas. Y eso que, en esta situación, solo has imaginado que los veías.

A menudo, la gente me cuenta que han sentido una opresión en el pecho o que el corazón se les acelera al pensar en el oso, y que han relajado los hombros y empezado a sonreír al imaginar a la persona que querían entrando por la puerta. Estas diferentes emociones se convierten en sentimientos cuando las experimentamos en nuestro cuerpo. De hecho, ambos están íntimamente ligados: la emoción es una reacción inconsciente e involuntaria a un estímulo. Y cuando la percibimos en nuestro cuerpo, la llamamos sentimiento, porque, literalmente, sentimos la emoción.

Tenemos emociones a causa de algún estímulo, y este no tiene por qué ser algo físico o, ni siquiera, algo que ocurra en el momento. Las emociones también pueden surgir al pensar en el pasado (como recordar unas vacaciones maravillosas o una discusión desagradable) o en el futuro (la expectación o el pánico ante un acontecimiento próximo). Por ejemplo, piensa en la emoción que sentirías si tu jefa se acercara y te dijera: «Por favor, ven a mi despacho». Podrías experimentar una feliz expectación si estuviera sonriendo y contenta, o una punzada de pánico si pareciera preocupada o enfadada.

Aunque los psicólogos no se ponen de acuerdo sobre el número exacto de emociones básicas, hay algunas que aparecen en la mayoría de las listas, como la ira, el asco, el miedo, la felicidad, la tristeza y la sorpresa. Puede que algunas de ellas te resulten más agradables que otras, pero todas cumplen una función:

- La **ira** nos motiva a actuar cuando creemos que se ha bloqueado nuestro camino hacia una meta, que se ha trasgredido un límite o que nosotros (u otros) hemos sido tratados injustamente.

- El **asco** nos alerta sobre lo que puede ser poco sano o perjudicial, para que así podamos evitarlo.
- El **miedo** nos ayuda a mantenernos a salvo, alertándonos de un peligro potencial para que podamos actuar y evitarlo.
- La **felicidad** nos ayuda a identificar y a acercarnos a quienes y a lo que nos proporciona placer y nos brinda una sensación de bienestar.
- La **tristeza** nos centra en lo que importa y nos ayuda a bajar el ritmo para sentir nuestras pérdidas, conectar con los demás y mostrarles que necesitamos apoyo.
- La **sorpresa** dirige nuestra atención hacia algo inesperado para determinar qué está ocurriendo y si es peligroso.[3]

Las emociones son datos que nos alertan sobre algo llamativo en nuestro entorno interno o externo, y sobre lo que podemos necesitar en ese momento. Sin embargo, como le gusta recordarnos a Susan David, autora de *Agilidad emocional*: «Las emociones son datos, no dictados».[4] Al reconocer la emoción que sentimos, evitamos actuar impulsivamente. No obstante, dado que ese comportamiento sería inapropiado, resulta más productivo mantener la calma en ese instante y abordar el tema con esa persona en privado, luego. Puede que no controlemos el estímulo ni la respuesta fisiológica, pero sí tenemos control sobre nuestra respuesta conductual.

El puente el autoconocimiento y la autogestión

Pero ¿cómo podemos gestionar nuestras respuestas emocionales? Prestando atención. La atención plena (*mindfulness*), que consiste en observar el presente sin juzgar, actúa como un puente vital entre el autoconocimiento y la capacidad de autogestión. Es el enlace entre nuestras intenciones y nuestros comportamientos. Esto significa que no solo debemos saber qué nos proponemos, sino también tener esas intenciones muy presentes en toda situación, especialmente cuando nuestra elección de cómo actuar es realmente decisiva (véase figura 4.3).

**La atención plena es el puente entre
el autoconocimiento y la autogestión**

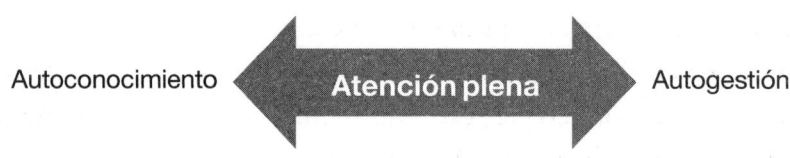

Figura 4.3. El puente entre el autoconocimiento y la autogestión.

La atención plena consiste en concentrarse en el momento presente, en vez de preocuparse por lo que se debió haber dicho, revisar los teléfonos o pensar en lo que se dirá o hará a continuación. En uno de mis programas para ejecutivos, alguien contó la historia de que cuando sus hijos le dicen a su mujer que papá ha accedido a lo que le pedían, esta les pregunta: «¿Vuestro padre estaba con el móvil cuando dijo que sí?». Ella sabe que, en ocasiones, él está tan absorto en su teléfono y tan distraído que responde afirmativamente sin haber procesado la pregunta ni la respuesta adecuada. Es una reacción automática e irreflexiva, que es justamente lo opuesto a contestar con atención plena.

Ser consciente (*mindful*) implica darse cuenta de lo que tienes delante, de lo que te rodea o de las emociones que hay dentro de ti en el momento, sin juzgar. Suena muy simple, pero no lo es. Esto implica observar la expresión de la cara o el lenguaje corporal de una persona durante una conversación. O notar que sientes enojo porque tu jefa te ha informado de un problema en la cadena de suministro que te obligará a trabajar el fin de semana. Se necesita práctica para volverse más consciente.

Para empezar, elige una actividad que realices todos los días, como preparar café, lavarte los dientes por la mañana o vestirte. Presta atención a lo que estás haciendo y a lo que observas. Por ejemplo, en lugar de pensar en el día que tienes por delante mientras te pones la cafetera, oye cómo suena el bote de café al abrirse; huele su aroma; siente la textura del molinillo; disfruta del sonido de los granos al golpear el interior del aparato; percibe el zumbido de la cuchilla a medida que los granos se muelen; descubre el sonido ahogado del café al caer en el filtro; párate a escuchar el rumor del agua al verterse en el depósito; percibe los sonidos, los olores y las imágenes a medida que el café pasa por la máquina; siente el peso y la frialdad de la taza; oye el gorgoteo del café al caer en ella; nota cómo la porcelana se calienta a medida que viertes el líquido; siente el café en tu boca y saborea su amargor, dulzor o suavidad. Usa todos tus sentidos. Presta atención a lo que estás haciendo, oyendo, viendo, oliendo, tocando, sintiendo y saboreando, y si tu mente se dispersa —que lo hará—, tráela de vuelta a la actividad que estás realizando. Hacer esto requiere algo de práctica y, como con cualquier nueva habilidad, descubrirás que mejorarás, primero, lentamente, y, luego, de forma explosiva.

Regulación emocional

Con mucha frecuencia, nuestros comportamientos son un reflejo de que no somos conscientes de las emociones que experimentamos, y sin esa conciencia, no podemos gestionarlas. Si tu respuesta a la pregunta 5 del capítulo 3, sobre hasta qué punto eres consciente de tus emociones —y te permites sentirlas—, fue «no mucho» o «no lo sé», o si a menudo sueles recibir *feedback* inesperado, con el que no sueles estar de acuerdo, como sugiere la pregunta 6, por favor, presta mucha atención a esta sección. Estas respuestas indican que puede que no seas consciente de tus emociones y de cómo afectan a los demás. E incluso si contestaste a las preguntas anteriores de otra manera, considera la posibilidad de que no seas tan emocionalmente autoconsciente como crees. De hecho, la mayoría de nosotros no lo somos. Según la investigadora Tasha Eurich: «Aunque el 95 % de la gente cree ser autoconsciente, solo entre el 10 y el 15 % lo es en realidad».[5] Esto implica que la mayor parte de la gente no solo desconoce sus propias emociones, sino que tampoco comprende cómo estas impactan en los demás y, en consecuencia, cómo influyen en la percepción que los otros se forman de nosotros.

A veces actuamos de cierta manera porque, a pesar de reconocer lo que sentimos, no somos capaces de manejar esas emociones. Como le pasaba a la malhumorada Beth. Cuando nos atraviesa una emoción, sobre todo una de las más desafiantes como la ira, la tristeza o los celos, necesitamos tener cuidado sobre dónde, cuándo y cómo expresamos esa emoción. Esto exige un desarrollo de la regulación emocional, también conocida como «gestión emocional» o «agilidad emocional». Según el psicólogo Steven Stosny, la autorregulación del comportamiento es «la capacidad de actuar en favor de tu interés a largo plazo, de forma coherente con tus valores más profundos».[6]

Para volverte más hábil en la regulación emocional, empieza por ser más consciente de tus emociones. Una práctica sencilla es ponerte una alarma varias veces al día para preguntarte qué estás sintiendo en cada uno de esos momentos y luego cerrar los ojos brevemente para experimentar la emoción, quizás identificando en qué parte del cuerpo la percibes. Al principio suele ser difícil, ya que la mayoría de nosotros no estamos acostumbrados a prestar atención a nuestras emociones. Sin embargo, después de hacer esto durante varios días, se vuelve más fácil y natural, y tal vez te descubras siendo más consciente de las emociones que experimentas incluso cuando no te detienes conscientemente a sentirlas. También puedes pegar una nota adhesiva en tu ordenador con la palabra «¿Emoción?» para recordarte que compruebes lo que estás sintiendo en ese momento. Hazlo varias veces al día y con el tiempo será más sencillo y, lo que es más importante, hará que sea más probable que entiendas y gestiones una emoción desafiante cuando surja.

A medida que vuelvas a encontrarte con tus emociones, haz lo que alguna vez dijo Dan Siegel, profesor de Psiquiatría de la UCLA: «Nómbrala para domarla». El simple hecho de ponerle nombre a la emoción que estamos sintiendo nos ayuda no solo a entenderla, sino también a empezar a quitarle poder a algunas de las más desafiantes, como la decepción, el miedo y el arrepentimiento. Cuando empieces a nombrar lo que sientes, intenta identificar no solo la emoción, sino también su intensidad. Por ejemplo, cuando nos enojamos, podemos sentirnos irritados o enfurecidos; ambas emociones pertenecen a la familia de la ira, pero la persona que las experimenta las percibe de forma diferente. La tabla 4.1 muestra tres emociones comunes —ira, miedo y felicidad— y cinco palabras que describen cada una de estas emociones, ordenadas de menor a mayor intensidad. Para ampliar tu comprensión de las emociones, puedes crear tu propia lista o descargar una lista más larga y diversas palabras para describirlas desde mi página web (www.margaretandrews.com/mylobookresources). Puede que tu orden, de menos a más intenso, sea diferente, y no pasa nada. Lo importante es que sepas identificar y entender la emoción que estás sintiendo.

El siguiente paso en la regulación emocional es empezar a aceptar tus emociones. Tal vez no nos guste tener ciertas emociones, como la ansiedad, la envidia o la tristeza, pero la realidad es que, queramos o no, a veces las sentimos.

Enojo	Miedo	Felicidad
Irritación	Inquietud	Satisfacción
Molestia	Aprensión	Alegría
Enojo	Miedo	Felicidad
Exasperación	Pánico	Júblio
Furia	Terror	Euforia

Tabla 4.1. Palabras utilizadas para describir diversas emociones.

Alguien me mencionó una vez que la palabra «emoción» contiene la palabra «moción», lo que es un buen recordatorio de que las emociones están hechas para moverse a través de nosotros. En lugar de ignorar o reprimir las que resultan difíciles —lo cual solo las mantiene activas y presentes en tu interior—, lo mejor es que aceptes la que sientes al momento, para quitarle su poder y permitirle que fluya a través de ti.

El siguiente paso, tras ser más consciente y admitir tus emociones, es empezar a definir tus intenciones para tus comportamientos, tanto de forma general como en situaciones específicas. Por ejemplo, puede que tengas un empleado difícil y te sientas frustrado y enfadado cuando comete repetidamente el mismo error, llega tarde a la reunión otra vez o no cumple sus promesas. Si te gustaría ser más comedido en tu respuesta ante estas situaciones, establece esa como tu intención. Entonces, visualiza un encuentro complicado con ese empleado y cómo te gustaría responder, en vez de reaccionar de la misma forma que lo has hecho antes. También puedes pensar en múltiples formas de responder a su comportamiento (p. ej., gritarle, poner los ojos en blanco, intentar entender su perspectiva, detenerte a preguntarle cómo está, mostrarle apoyo en lugar de frustración o cualquier otra manera en que podrías responder a esta situación). Visualiza cada uno de estos escenarios y valora las respuestas que crees que funcionarán bien durante el encuentro real; elige una que se ajuste a tu intención y te acerque a tu objetivo a largo plazo. Si es posible, practica la que escojas en voz alta o, mejor aún, haciendo un *role playing* del escenario con un colega o amigo de confianza. Reflexionar sobre esto con antelación y ensayar tu respuesta te ayudará a optar por un comportamiento más productivo cuando llegue el momento, porque ya habrás dedicado tiempo a pensar en ello.

Cuando estés en una situación en la que quieras regular tus emociones y elegir un comportamiento más adecuado, presta atención a lo que sientes en el momento y sé consciente de tus intenciones. Habiendo completado los pasos anteriores para familiarizarte con tus emociones, y ser capaz de nombrarlas y aceptarlas, ahora te será más fácil tomar consciencia de lo que sientes en todo tipo de situaciones, incluidas las intensas y desafiantes, como una negociación complicada, comunicar una evaluación de desempeño negativa, recibir malas noticias o cualquier otro escenario adverso. Aunque lleva tiempo mejorar en esto y todos somos propensos a recaer de vez en cuando, el simple hecho de comprender las emociones del momento y tener claras tus intenciones te permitirá responder con un comportamiento más útil en lugar de reaccionar de forma poco productiva.

Si te encuentras en una situación complicada o experimentas una emoción fuerte, tómate un momento para serenarte. Puedes beber un sorbo de agua, respirar hondo o verbalizar una reacción como «¡Vaya!» o «Me pregunto por qué dices eso», para luego quedarte en silencio y esperar la respuesta. O podrías simplemente decir: «Necesito un instante para procesar eso», y luego tomarte ese momento. También funciona desacelerar la situación y darte a ti, así como a las otras personas, el espacio para elegir una respuesta con más cuidado en lugar de simplemente reaccionar.

Para entender y gestionar mejor tus emociones, tómate un tiempo para reflexionar sobre cómo te has proyectado como líder en diversas situaciones. A modo de ejemplo, cada noche piensa en cómo ha transcurrido la jornada, qué cosas funcionaron bien y qué te gustaría cambiar para el día siguiente. O, después de una conversación difícil, reflexiona sobre las emociones que experimentabas, los comportamientos que mostraste, cómo crees que se sentían los demás, cómo calificas el encuentro y qué quieres tener en cuenta para próximos eventos similares. La reflexión te ayudará a interiorizar la lección y a aplicarla en el futuro.

La regulación emocional es difícil. Y se vuelve más difícil cuando algunas de nuestras necesidades básicas de sueño, alimentación y ejercicio no están cubiertas. La mayoría de nosotros no nos hallamos en nuestro mejor momento cuando estamos cansados o hambrientos y, por lo tanto, es más probable que reaccionemos —a menudo, mal— a cualquier situación en la que nos encontremos, en lugar de responder deliberadamente con comportamientos que estén alineados con nuestros objetivos. Y el ejercicio contribuye a nuestra autogestión, ya que reduce el estrés y aumenta las emociones positivas.

Según el filósofo, psicólogo y médico William James:

La acción parece seguir al sentimiento, pero en realidad ambos van de la mano; y al regular la acción, que está directamente controlado por la voluntad, podemos regular indirectamente el sentimiento, que no lo está.[7]

La autorregulación nos permite sentir una cosa y comportarnos de otra, al ser conscientes de nuestros objetivos y moldear nuestro comportamiento hacia esa meta.

Los desafíos de la autogestión: qué se interpone en el camino

Existen dos desafíos que pueden dificultarnos la evolución hacia el impacto transformador que buscamos. El primero es nuestro miedo a la vulnerabilidad; el segundo, comprender un concepto e incluso cómo implementarlo, pero no actuar en consecuencia, lo que se conoce como la brecha entre el saber y el hacer.

Miedo a la vulnerabilidad

Desarrollar nuevos comportamientos puede ser duro y hacernos sentir vulnerables, una sensación que a la mayoría nos resulta incómoda. Nuestras ansiedades, el miedo al ridículo y al fracaso son a menudo las piedras en nuestro camino. Todo cambio, incluido el aprendizaje de un nuevo comportamiento, nos parece complicado porque nos saca de nuestra zona de confort. Sin embargo, nuestro crecimiento solo empieza una vez que salimos de esta. Y como vimos en el capítulo 2 con las curvas en S, mucha gente abandona el aprendizaje de un nuevo comportamiento por sentirse vulnerable al cometer errores y, en su lugar, redoblan la apuesta por aquello que los hizo exitosos (p. ej., la inteligencia, las habilidades duras, el trabajo exigente), un error que les impide llegar al siguiente nivel.

Aprender nuevas habilidades nos sitúa con frecuencia lejos de nuestra zona de confort, pero es precisamente en esta zona de incomodidad donde se produce el crecimiento. Marian Poirier, alta ejecutiva de una empresa global de servicios financieros en Australia, se ha vuelto, como ella misma me dijo, «adicta a la incomodidad». Sin embargo, no siempre fue así:

—Siempre disfruté mucho las interacciones personales, pero los discursos ante multitudes me resultaban abrumadores. Todo cambió cuando, hace varios años, me uní a una junta local del sector financiero donde una de mis funciones era hacer presentaciones y conducir eventos. Al principio, esa exposición me generaba mucho estrés, pero con la práctica no solo me acostumbré, sino que llegué a dominarlas, y cada vez ganaba más confianza.

Tras unos años, llegó el momento de un nuevo desafío. Decidí salir de mi zona de confort una vez más uniéndome a la junta de la CFA Society de Nueva Gales del Sur, que estaba compuesta en su mayoría por altos directivos (C-suite). Allí, mi punto de vista solía diferir del resto, lo que a menudo me hacía sentir incómoda. Sin embargo, cuando acepté que esa diferencia era un valor y no un obstáculo, logré abrazarla y creo que los demás también me valoraron por ello. Fue a partir de estas experiencias, de esforzarme de verdad por hacer cosas que estaban fuera de mi zona de confort, como supe que en realidad disfruto de la incomodidad. Significa que estoy aprendiendo algo nuevo, y eso es, siempre, bastante emocionante. Si no estoy incómoda, significa que no me estoy exigiendo, que no estoy aprendiendo, que no estoy creciendo. Y dado que mi pasión es aprender y evolucionar, he hecho de la incomodidad una amiga a la cual abrazar.

La brecha entre el saber y el hacer

El verdadero desafío no es saber qué hacer; es hacerlo. Aunque es probable que la malhumorada Beth sepa que no debería tratar a la gente como lo hace, no puede autogestionarse lo suficientemente bien como para poner en práctica ese conocimiento. Este es un claro ejemplo de la brecha entre el saber y el hacer: cuando el discernimiento no se traduce en acción. No nos aplauden por saber que debemos pensar antes de hablar; nos aplauden por pensar antes de hablar. No nos elogian por saber que debemos cuidarnos —lo que incluye comer bien, dormir bien y movernos más— para presentarnos como el líder que queremos ser; nos elogian por hacer estas cosas y presentarnos como ese líder. Saber qué hacer es la parte fácil; hacerlo es lo difícil. Autogestionarse no se trata solo de saber lo que debemos hacer, sino de aplicar de verdad lo que sabemos.

Los investigadores han descubierto que trabajar para cerrar la brecha entre lo que sabemos sobre liderazgo y cómo nos comportamos conduce a emociones más positivas, como el alivio, la satisfacción, la felicidad y el orgullo.[8] Además, aprender nuevos comportamientos y habilidades fortalece la convicción de que somos capaces de resolver problemas complejos. Cada desafío superado o habilidad dominada incrementa nuestra confianza para afrentar futuros retos y adquirir nuevas competencias.

Encontrar y convertirte en ese «nuevo tú»

Diseñar esa persona que serás es un acto de imaginación. ¿En qué tipo de líder te quieres convertir? Para este ejercicio, que debería llevarte entre diez y veinte minutos, por favor, vuelve a tus respuestas a las preguntas del capítulo 1, en particular, a las relacionadas con la segunda pregunta (¿Qué tipo de líder quieres ser?) y a la tercera (¿Cuál es la diferencia entre el líder que quieres ser y el que eres ahora?).

Ahora, profundiza en la visualización del líder que aspiras a ser. Construye una imagen mental vívida y detallada de ti mismo en ese rol. Para definirla, puedes apoyarte en afirmaciones como: «Soy alguien que…», «Soy el tipo de persona que…», «Soy un líder que…» o «Como líder, yo…». Esta figura representa la versión de ti mismo que has elegido conscientemente crear. ¿Qué aspecto tienes? ¿Cómo es tu lenguaje corporal? ¿Cómo suena tu voz? ¿De qué manera interactúas con los demás? ¿De qué forma te responden? ¿Cómo te sientes siendo ese líder? ¿Cómo haces sentir a los demás? ¿Qué es lo que haces que provoca que se sientan de esa manera? Escribe tus respuestas a estas preguntas. Reflexiona sobre cómo te sentirías al convertirte en esa persona que visualizas.

Ahora, escoge una situación o persona que actualmente represente un desafío para ti. Podría ser un jefe difícil y exigente, un empleado que quizás deba ser apartado del equipo, un cliente que está haciendo peticiones poco razonables o algo completamente diferente. Elige un escenario o una interacción complicada que sea importante para ti, e imagina cómo ese «nuevo tú» abordaría la situación, qué intención tendría y cómo se comportaría durante el encuentro. Deja que tu visión del «nuevo tú», de cómo quieres ser, guíe tus acciones y comportamientos. ¿Cómo actuaría esa persona en esta situación? Ahora, encarna todo eso en tu mente. Visualízalo. Siéntelo.

Tal vez te sea útil recordar que no tienes por qué estar limitado por tus circunstancias o comportamientos pasados o presentes. Estás diseñando tu futuro y, aunque este se construirá sobre todo lo que has vivido hasta la fecha, en realidad es una elección deliberada sobre qué persona quieres ser. Para obtener resultados diferentes, necesitamos enfoques y comportamientos diferentes. Como dijo una vez Leonard Cohen: «Actúa como quieres ser y pronto serás como actúas». Al adoptar nuevos comportamientos, nuestra percepción de nosotros mismos se transforma. Este cambio se refuerza cuando observamos que los demás reaccionan de manera diferente a como lo hacían antes.

Convertirte en ese «nuevo tú» es un acto de intención, y es aquí donde la autogestión entra en juego. No mejoramos mágicamente al escuchar, delegar, adoptar perspectivas, gestionar conversaciones difíciles o construir relaciones; todo eso requiere dirigir nuestros comportamientos conscientemente hacia tales objetivos. Deja que el «nuevo tú» guíe tu desarrollo. Recuerda que la incomodidad que sientes al comportarte de maneras nuevas es una señal de que estás creciendo. Cuando tropieces —y lo harás si te estás embarcando en un objetivo ambicioso—, aprende la lección, levántate y vuelve a intentarlo.

Consejos para la autogestión

Hay varias mentalidades y prácticas que pueden ayudarte a ser más eficaz en la autogestión:

- **Prepara el terreno para el éxito:** duerme lo suficiente, come alimentos nutritivos, haz algo de ejercicio cada día y evita la multitarea, que agota tu cerebro.
- **Reconoce que la fórmula que te trajo a este nivel de éxito no te llevará al siguiente**, y que para seguir mejorando, necesitarás aprender nuevas habilidades y comportamientos. Diferentes niveles de liderazgo exigen mejores versiones de nosotros mismos. No se trata de que seamos defectuosos, sino de que todos tenemos áreas en las que podemos mejorar.

- **Cuéntale a otras personas en qué nuevos comportamientos estás trabajando.** Además de recibir retroalimentación útil, estarás sirviendo como ejemplo de crecimiento para ellos.

- **Busca modelos a seguir.** Identifica a alguien que destaque en lo que quieres mejorar. Observa su manera de actuar y adopta aquellas actitudes que resuenen contigo. Si tienes la oportunidad, pídele su perspectiva y consejos para integrar esos comportamientos.

- **Considera usar un *alter ego* o un personaje.** Muchos artistas y atletas usan un *alter ego* que les ayuda a canalizar sus comportamientos de una determinada manera, como Beyoncé (Sasha Fierce), el difunto Kobe Bryant (Black Mamba) y Eminem (Slim Shady). Todd Herman, autor de *El poder de tu alter ego*, escribe que «la idea de usar *alter egos* para crear cierta distancia entre cómo te ves actualmente y cómo te gustaría rendir» te permite cerrar la brecha entre tu yo actual y el futuro tú.[9] Por ejemplo, podrías pensar en cómo Superman abordaría una situación, o la Mujer Maravilla, Babe Ruth, Charles Darwin, Julio César, James Bond, Eleanor Roosevelt o, incluso, un simple gato. Usar un *alter ego* te permite meterte en la piel de esa persona o idea, convertirte en ella, mientras aprendes una nueva forma de comportarte.

- **Reflexiona.** Dedicar tiempo a reflexionar sobre nuestras acciones y comportamientos puede ayudarnos a ser más conscientes de cómo estos afectan a los demás, así como a identificar cuándo estamos experimentando la brecha entre el saber y el hacer y no estamos poniendo en práctica un comportamiento que sabemos que sería más útil.

- **Celebra el progreso.** Es de esperar que nos sintamos vulnerables mientras aprendemos nuevas habilidades y cometemos

errores. También es previsible que nos encontremos con tropiezos y contratiempos por el camino. Está bien. No esperes
la perfección: celebra el progreso.

Eres una obra en construcción

Somos una obra en constante evolución, siempre en proceso de
crecimiento. Recuerda que el aprendizaje conlleva tropiezos y caí-
das; es parte natural del camino. Mantén tu mirada en la meta,
busca consejos y retroalimentación —y aplícalos—, y persevera en
la práctica de tus nuevas formas de actuar y de ser. Estás transfor-
mándote en el líder que aspiras a ser, y tienes toda la capacidad
para lograrlo. Es un proceso. Y, como tal, lleva tiempo.

PARTE DOS
Liderar a los demás

Liderar a
largo plazo

Entender
y gestionar
el contexto
organizativo

Liderar
a los demás

Comprensión
y gestión de
uno mismo

5

Liderar a los demás

—Trabajo en una empresa con una oficina de planta abierta, donde nadie tiene un despacho asignado y todos nos sentamos en una gran sala con filas de mesas largas.

Así comenzó Sharon, directora sénior de una empresa de bienes de consumo, su relato, en uno de mis programas para ejecutivos.

—Mi mano derecha, Tara, siempre se sienta en la mesa justo detrás de mí, así que trabajamos literalmente espalda con espalda.

Cuando Sharon tenía una nueva idea, se daba la vuelta, le daba un golpecito en el hombro a Tara, le comentaba lo que estaba pensando y le preguntaba qué opinaba. Discutían la idea durante un minuto o dos y, más tarde ese mismo día, Tara volvía con más reflexiones y giros sobre lo que habían hablado.

—Con el tiempo, me di cuenta de que Tara y yo teníamos estilos muy diferentes. Yo soy extrovertida y me gusta analizar los problemas y las soluciones en voz alta, y Tara es más introvertida y disfruta reflexionando sobre un problema antes de hablar de él —prosiguió Sharon. Al notar esto, decidió probar un enfoque diferente—: Cuando tenía algo que debatir con Tara, en lugar de darme la vuelta para hablarlo en el momento, le enviaba un mensaje, contándole lo que estaba pensando y preguntándole si podíamos hablarlo más tarde ese día. Los resultados fueron sorprendentes: Tara comenzó a llegar a cada conversación con reflexiones e ideas más desarrolladas, lo que desemboca en un debate más sólido del que puedo partir con facilidad. Resultó ser un enfoque mucho más eficaz.

En ese momento, otro participante del programa le preguntó a Sharon por qué había cambiado su método, ya que Tara trabajaba para ella y debería aprender a adaptarse a su estilo, y no al revés. La respuesta de Sharon fue uno de los mejores ejemplos que he oído de lo que constituye la esencia de un liderazgo eficaz:

—Fue un pequeño cambio para mí, y mejoró de verdad nuestros resultados, así que el trueque valió la pena. Mi trabajo como su jefa no es conseguir que haga las cosas a mi manera. Es sacar lo mejor de ella.

Yo misma no podría haberlo dicho mejor.

El liderazgo es, en muchos sentidos, un acto creativo. Consiste en colaborar con personas únicas y multifacéticas, en aprender a potenciar lo mejor de cada individuo, del equipo y de la organización en su conjunto. Si recuerdas a tu mejor jefe, seguramente fue alguien que demostró un interés auténtico en ti, forjando una conexión que te permitió convertirte en una versión más capaz de ti mismo. Hoy nos toca asumir ese mismo rol con quienes nos rodean.

¿Por qué deberían seguirnos?

Ya sea que lideremos a individuos, equipos, un laboratorio, una unidad, una división o una empresa, el liderazgo empieza por darle a la gente una razón para seguirnos. Esto requiere dos elementos fundamentales: una visión clara y motivadora que justifique su talento y dedicación, y una conexión personal que los inspire a trabajar junto a nosotros para hacerla realidad.

Una meta que valga la pena, un fuerte sentido de la posibilidad y un plan convincente sobre cómo alcanzar esa meta son pilares fundamentales del liderazgo. Igualmente crucial es ayudar a cada persona a reconocer su rol dentro de ese propósito compartido, generando así una unidad de dirección, un sentido de comunidad y una motivación colectiva hacia el futuro que construyen de manera conjunta. Estos son algunos factores a tener en cuenta al elaborar y comunicar una visión convincente:

- **Meta:** ¿Qué intentamos lograr? ¿Cuál es el problema que debemos resolver?
- **Estado futuro:** ¿Cómo sabremos cuándo hemos tenido éxito? ¿Qué será diferente? ¿Por qué merecen la pena el tiempo y el esfuerzo que supondrán?
- **Esfuerzo:** ¿Qué trabajo hay que hacer para alcanzar nuestra meta? ¿Qué cambios serán necesarios? ¿Quién tendrá que participar para hacer realidad esta visión? ¿Quién o qué podría impedir nuestro progreso para alcanzar ese objetivo?

Además de comunicar una visión o una meta digna de atención y compromiso, la gente necesita una razón para confiar en nosotros y nuestra capacidad para guiarla hacia allí. Esta confianza se construye sobre varios pilares: nuestra trayectoria, la solvencia demostrada en desafíos similares y la coherencia con que ejercemos el liderazgo. Si hemos hecho los ejercicios de los capítulos 3 y 4, estaremos más cerca de entendernos a nosotros mismos, incluyendo quién y qué ideas y acontecimientos nos han moldeado como individuos y cómo estas influencias se manifiestan en nuestra forma de liderar, cómo definimos el éxito, cómo nuestros comportamientos han afectado a los demás y cuáles son nuestros valores fundamentales. Sabremos qué habilidades queremos desarrollar y estaremos trabajando activamente para materializar al líder que visualizamos. Estos nuevos comportamientos nos ayudan a mostrarnos como personas predecibles y fiables, para que la gente con la que trabajamos no tenga que gastar tiempo, capacidad mental o energía emocional tratando de adivinar qué esperar cada día.

Entendiendo a los demás

La verdadera confianza se construye cuando las personas perciben que estamos genuinamente comprometidos con su crecimiento. El primer paso es llegar a conocerlas.

Alex, que dirige al personal de operaciones de un hotel de lujo en la ciudad de Nueva York —uno repleto de *paparazzis* a la caza de celebridades, miembros de la realeza y magnates de los negocios—, me contó una lección que aprendió al principio de su carrera:

—El hombre que me contrató era un tipo decente: inteligente, trabajador y con una enorme comprensión del negocio, pero era muy estricto y no le interesaba conocer a la gente que trabajaba para él.

Este hombre cambió de trabajo unos seis meses después de la llegada de Alex, y un nuevo gerente se hizo cargo de la unidad.

—El nuevo director era completamente distinto del primero: dedicó su energía a conocer a cada persona. No solo sabía sus nombres, sino también su lugar de origen, cuántos hijos tenían, cómo se llamaban e incluso cuáles eran los sueños de esos hijos. Sabía cuánto tiempo llevaba la gente trabajando en el hotel, qué pensaban que iba bien y qué se podía mejorar. Se tomó el tiempo de establecer una conexión personal con cada uno de los miembros de su equipo.

Según Alex, el genuino interés del nuevo gerente por la gente que lo rodeaba supuso una gran diferencia:

—La gente caminaba con más brío y se sentía más cercana. Durante los periodos de mayor actividad, cuando el personal era insuficiente para atender las necesidades del hotel y sus huéspedes, una situación frecuente en la hostelería, su estilo demostró ser realmente efectivo. Mientras que con el jefe anterior nadie se ofrecía para horas extras y él debía asignarlas obligatoriamente, lo que generaba descontento, con el nuevo director los empleados se presentaban voluntarios espontáneamente. La diferencia radicaba en la conexión que habían establecido con él, entre ellos mismos y con el establecimiento. Esta experiencia me mostró por primera vez qué distingue a un director verdaderamente eficaz, y me dejó una impresión difícil de borrar.

Alex incorporó esta lección a su propio estilo y, hasta el día de hoy, atribuye sus múltiples ascensos al ambiente que ha creado para su equipo y al éxito que han tenido gracias a ello:

—Si la gente siente que la entiendes y la respetas, harán un esfuerzo extra. En un sector como este, con una fuerza laboral sindicada y un alto grado de rotación, eso marca toda la diferencia.

Nada más simple, en realidad.

Así como nosotros somos individuos distintos, también lo es cada una de las personas que trabajan con y para nosotros. Una de las lecciones más valiosas de liderazgo me llegó con la maternidad. Tengo tres hijos: dos varones y una mujer. Antes de ser madre, había tenido escaso contacto con niños, así que cuando nació el primero, me sentí completamente perdida. Aprendí desde lo más básico —cómo tomarlo en brazos, alimentarlo y asearlo—, pero, sobre todo, tuve que descubrir su individualidad. La curva de aprendizaje fue intensa, por lo que, al nacer nuestro segundo hijo, creí estar preparada. No era así. Mi segundo hijo resultó ser completamente distinto del primero. Tenía su propia forma de ser, sus propios gustos y aversiones, sus propios cambios de humor, y, precisamente por ello, tuve que aprender a relacionarme con él como un individuo distinto, alguien muy diferente de su hermano. Luego vino mi hija, y pensé: «¡Seguro que ahora sí sé algo de criar niños!». Pero no. Una vez más, esta niña no se parecía a los otros, y tuve que aprender a relacionarme con ella desde cero. Me resultó asombroso lo distintos que eran, pese a compartir los mismos padres y el mismo hogar. Fue esta experiencia la que me dio una verdadera visión de la naturaleza del liderazgo y cambió mi forma de abordarlo: si mis propios hijos no piensan ni se comportan de la misma manera, ¿por qué iba yo a esperar que esa colección aleatoria de individuos diversos en el trabajo fuera similar en su forma de pensar y comportarse? Cada persona con la que trabajamos es un ser humano único, al igual que cada uno de nuestros hijos o hermanos, y al igual que nosotros.

Ed Catmull, cofundador de Pixar y expresidente de Walt Disney Animation, expresó una idea similar en su exitoso libro, *Creatividad, S. A.* Catmull analiza el liderazgo como un proceso que implica pensar de forma creativa no solo en los problemas empresariales, sino también en las personas que resuelven esos problemas: «Solo se me ocurre una cosa con la que compararlo: criar hijos… Hacer bien cualquiera de los dos trabajos requiere que escarbemos profundamente en nuestro interior»[1].

Así como el autoconocimiento sustenta un liderazgo efectivo, comprender a las personas con las que colaboramos es el fundamento para guiarlos. Esta comprensión permite ayudarlos a convertirse en la versión única de líder que cada uno lleva dentro, lo que se traduce en beneficios para el individuo, el equipo y la organización, tanto inmediatos como perdurables. Además, fortalece tu reputación como formador de talento, impulsando también tu propia trayectoria profesional. Adrienne, que fue vicepresidenta sénior de *marketing* de una gran empresa de fondos de inversión, me contó que «uno de los aspectos favoritos de mi trabajo es ayudar a mi personal a descubrir y desarrollar sus talentos. Y cuando creo que han crecido todo lo que pueden en mi organización, los ayudo a encontrar un nuevo reto en otro lugar de la empresa».

Cuando le pregunté si le molestaba que la gente en la que había invertido tanto tiempo y esfuerzo acabara marchándose, sonrió y me dijo:

—En absoluto. Significa que tengo amigos por todas partes. Así que cuando necesito hacer algo fuera de mi grupo, a menudo simplemente cojo el teléfono y llamo a uno de mis antiguos miembros del equipo, ahora bien situados, para que me ayude a encontrar a la persona adecuada con la que hablar o a eliminar un obstáculo. Invertir en mi gente, algo que hacía porque me gustaba, en realidad tuvo el efecto secundario de reportarme dividendos a lo largo de toda mi carrera.

Llegar a conocerlos como los individuos que son te ayuda a construir una relación. ¿Cuál es su historia? ¿Qué habilidades aportan? ¿Qué habilidades les gustaría desarrollar? ¿Cuáles son sus metas? ¿Sus fortalezas? ¿Sus áreas de desarrollo? ¿Sus intereses? ¿Qué los motiva? ¿Cómo les gusta trabajar?

Nadine Kawkabani, una ejecutiva de estrategia en una empresa de servicios financieros con sede en Boston, me contó cómo y por qué trabaja para construir una relación con cada persona de su equipo:

—Tengo un equipo bastante diverso y, cuando incorporo a alguien, hago un esfuerzo adicional para conocerlo. Leo libros sobre su cultura. Paso tiempo con ellos. Los invito a participar. Como su jefa y colega, pongo esa relación en primer lugar. Siempre he creído que invertir tiempo en las personas es la forma de sacar lo mejor de ellas. Lograr una relación sólida significa que podemos abordar las conversaciones que necesitamos tener, por difíciles que sean. Saben que me importan y que los respaldo, así que cuando les digo que necesitan mejorar en ciertas áreas, saben que mis comentarios nacen de una buena intención.

Comprender qué motiva a cada persona es esencial. Si bien con frecuencia asumimos que el dinero es el incentivo principal, la realidad muestra que no siempre ocupa ese lugar.[2] Cuando mencioné en una clase hace varios años que no todo el mundo se mueve principalmente por lo que gana, una mano se levantó de un salto. Cuando le di la palabra a Rodrigo, dijo:

—No me lo creo.

No creía que la gente se motivara en el trabajo por cosas más allá de lo económico. Entonces hice un experimento: pedí a la clase que levantara la mano si alguna vez habían rechazado una oferta de trabajo en la que habrían ganado más dinero o si habían aceptado un nuevo empleo en el que ganaban menos que en el anterior. Aproximadamente un tercio del auditorio alzó la mano, revelando que para muchos existían motivaciones más allá del dinero. Al preguntarles qué valoraban en su trabajo, además de lo económico, compartieron conmigo una extensa lista de razones que incluía el propósito, la visión, la reputación de la empresa, el trabajo desafiante, la comunidad, la autonomía en su trabajo, la colaboración, trabajar con gente de la que pueden aprender, un ambiente respetuoso, la oportunidad para la creatividad, un sentido de pertenencia y la flexibilidad en cómo hacen sus tareas. Repito este experimento varias veces al año, y los resultados son siempre similares.

Muchos de estos factores caen en nuestro rango de influencia, y aunque no es necesariamente nuestra labor motivar a las personas que trabajan para nosotros, sí debemos averiguar qué las anima y hacer todo lo posible por no desmotivarlas. La investigación respalda este fenómeno: «los empleados con motivación intrínseca demuestran un compromiso tres veces mayor que aquellos motivados extrínsecamente (por ejemplo, mediante dinero)». Además, quienes se concentran en labores que genuinamente disfrutan suelen encontrar mayor satisfacción en su trabajo.[3]

Parte de entender a nuestros empleados es ser consciente de diversos aspectos de su personalidad y de cómo les gusta trabajar. Personalmente, suelo usar una herramienta que me gusta compartir en mis clases llamada diagrama Zigzag (figura 5.1), que nos ayuda a entender nuestro estilo al abordar el trabajo y cómo este puede ser similar o diferente al de otra persona.

El diagrama Zigzag

Extrovertido	○ ○ ○ ○ ○ ○ ○ ○ ○ ○	Introvertido
Analizar / Debatir	○ ○ ○ ○ ○ ○ ○ ○ ○ ○	Decidir / Actuar
Visión general	○ ○ ○ ○ ○ ○ ○ ○ ○ ○	Detalles
Competitivo	○ ○ ○ ○ ○ ○ ○ ○ ○ ○	Colaborativo
Crítico con los demás	○ ○ ○ ○ ○ ○ ○ ○ ○ ○	Comprensivo con los demás
Orientado a los datos	○ ○ ○ ○ ○ ○ ○ ○ ○ ○	Orientado a la intuición
Disciplinado / Planificador	○ ○ ○ ○ ○ ○ ○ ○ ○ ○	Impulsivo / De último momento
Orientado a las tareas	○ ○ ○ ○ ○ ○ ○ ○ ○ ○	Orientado a las relaciones
Fomenta el conflicto	○ ○ ○ ○ ○ ○ ○ ○ ○ ○	Evita el conflicto
De temperamento estable	○ ○ ○ ○ ○ ○ ○ ○ ○ ○	Cambiante
Orientado a las metas	○ ○ ○ ○ ○ ○ ○ ○ ○ ○	Orientado a los procesos
Optimista	○ ○ ○ ○ ○ ○ ○ ○ ○ ○	Pesimista
Organizado	○ ○ ○ ○ ○ ○ ○ ○ ○ ○	Desorganizado
Pragmático	○ ○ ○ ○ ○ ○ ○ ○ ○ ○	Idealista
Centrado en el presente	○ ○ ○ ○ ○ ○ ○ ○ ○ ○	Centrado en el futuro
Busca el riesgo	○ ○ ○ ○ ○ ○ ○ ○ ○ ○	Evita el riesgo

Figura 5.1. Diferentes estilos de trabajo: el diagrama Zigzag.

Para usar la herramienta, primero, marca con una X el círculo de la lista que esté más cerca de donde te encuentras tú (p. ej., ¿eres más extrovertido o introvertido?, ¿prefieres analizar y debatir o decidir y pasar a la acción?). Luego, dibuja tu zigzag conectando tus preferencias. Después, vuelve a repasar la lista y pon una marca diferente (p. ej., un ✓) donde crees que se sitúa la otra persona, y conecta su zigzag. Lo que puedes ver ahora es en qué áreas vuestro estilo es parecido y en cuáles sois muy diferentes. Esto te ayudará a entender mejor a la otra persona y a responderle en consecuencia. Como aprendimos en la historia de Sharon, a veces, para obtener mejores resultados, es necesario flexibilizar nuestro estilo para adaptarnos a los demás. Puedes descargar una copia del diagrama en www.margaretandrews.com/mylobookresources o crear uno propio.

Además de conocer a la gente de tu equipo, deja que ellos te conozcan a ti. Comparte en qué estás trabajando, por qué te entusiasma la labor que realizas y qué haces fuera de la oficina (p. ej., qué libros lees, una película que te haya gustado recientemente, un buen restaurante que recomendarías, a dónde te gustaría viajar). El objetivo no es convertirte en su amigo, sino construir una relación sólida y de confianza. Tener estos vínculos te ayudará a entender su punto de partida en las conversaciones y por qué puede ver las cosas como lo hace, y también facilitará que tus empleados te entiendan a ti y tu perspectiva. Sin una relación sólida, ellos podrían interpretar que las conversaciones sobre *feedback* y desarrollo son un ataque, en lugar de la vía de crecimiento que tú pretendes que sean. Hazle saber a tus trabajadores tu pretensión de que tengan éxito, y luego ayúdalos a conseguirlo.

Entendiendo su perspectiva

Todos tenemos nuestra propia perspectiva, nuestra forma de ver el mundo. En el capítulo 3 tuviste la oportunidad de entender mejor quién y qué ha moldeado tu manera de enfrentarte a las cosas, y las personas que trabajan contigo y para ti tienen, cada una, sus propias historias y puntos de vista. Lo importante para nosotros como sus jefes es entender su posición. Sin embargo, las investigaciones demuestran que a medida que ascendemos en una organización y ganamos poder, nos solemos esforzar menos por entender las perspectivas de los demás y perdemos empatía. Esto nos hace menos propensos a comprender cómo piensan y sienten los otros, al mismo tiempo que disminuye nuestra capacidad de adaptar nuestros comportamientos para acomodarnos a ellos.[4] Como explica el profesor de la UC Berkeley, Dacher Keltner:

> Cuando no tenemos poder y queremos contribuir, realmente pensamos con cuidado en los demás, escuchamos y adaptamos nuestro comportamiento al grupo social. Pero una vez que tenemos poder, nuestro enfoque cambia a «¿Qué quiero yo?».[5]

Debido a este fenómeno, puede que tengamos que esforzarnos más por entender la perspectiva de quienes dependen de nosotros. Esto empieza con un deseo sincero de comprender el punto de vista de esa persona, reconociendo que su posición es su verdad y que puede diferir de la nuestra.

No tenemos que estar de acuerdo con su perspectiva, solo entenderla. Podemos hacer preguntas abiertas para apreciar mejor en qué se diferencia su punto de vista y su pensamiento de los nuestros. Por ejemplo, puedes preguntar:

- ¿Cuál crees que es la raíz del problema?
- ¿Podrías contarme más sobre…?
- ¿Cuál crees que sería una buena opción en esta situación?
- ¿Qué te llevó a esa conclusión?
- ¿Por qué crees que es así?

Cuando respondan, presta atención activamente para entender los pensamientos y las emociones que hay detrás de lo que dicen, lo que Mark Goulston y John Ullmen definen en *La influencia verdadera* como la «escucha conectada», o escuchar para comprender en profundidad.[6] Esto implica oír con la intención de entender de verdad a la otra persona; no solo escuchar lo que dice, sino hacerlo sin juzgar cómo piensa y se siente sobre el tema, dándole tiempo y espacio para que exprese plenamente su pensamiento. Es escuchar para entender, en lugar de para responder o convencer. También puede implicar fijarse en lo que no se dice y sondear más profundamente para comprender su perspectiva.

Megan, la jefa de ventas de una empresa de formación y desarrollo, pasa por los despachos de todos sus subordinados directos los lunes para ver cómo están, preguntarles qué tal su fin de semana e interesarse por las jornadas que tienen por delante. Después de hablar con ellos, y si percibe que un empleado no le está contando toda la historia, Megan sondea suavemente con la pregunta «¿Qué más?», para ver qué otras preocupaciones tienen en mente o qué les inquieta del trabajo que tienen por delante, y luego espera pacientemente su respuesta. A través de su charla, Megan descubre lo que puede estar preocupando a su personal para poder ayudarlos, ya sea con asistencia directa o encontrando a la persona adecuada. De este modo, logra protegerlos de posibles reacciones negativas o, simplemente, disipar sus miedos: «Pero solo puedo ofrecer esta ayuda si sé lo que está pasando».

Cómo vamos a trabajar juntos

Dado que a muchas personas las motiva el propósito, conectar su trabajo con la misión y los objetivos más amplios de la organización ayudará a que se impliquen más. Un buen ejemplo de esto viene de Disneylandia, cuando una familia se acercó a un conserje para preguntarle dónde empezaba el gran desfile. En lugar de señalarles el camino o darles instrucciones sobre cómo llegar, este empleado cogió su escoba, la hizo girar y dijo: «¡Seguidme!». Como si fuera el bastón de un director de banda, comenzó a mover la escoba marcando el ritmo y la velocidad de la marcha. De este modo, guio a la sonriente familia, con los niños bailando detrás de él, hasta el inicio del desfile. Este empleado entendía la visión de Disney de crear recuerdos mágicos para todo el que entra en el parque.

Una de las formas en que más podemos ayudar a las personas y a los equipos a rendir mejor es siendo claros sobre nuestras expectativas y estableciendo «normas de circulación» sobre cómo vamos a trabajar juntos. Una de las prácticas que he utilizado es tener una «carta de equipo» o, como la llama Beat Buhlmann, un director de informática interino en Suiza, un «permiso de conducir para la comunicación»:

—Si te gusta conducir, ponerte al volante no es complicado. Pero para ello necesitas saber antes las normas de circulación. ¿Se conduce por la derecha o por la izquierda? ¿La luz roja significa parar o avanzar? Para conducir en la mayoría de los países, necesitas un permiso que certifica que sabes hacerlo y que conoces las normas de circulación. En Estados Unidos y casi toda Europa, por ejemplo, se conduce por la derecha, se para en los semáforos en rojo y se avanza en verde, se adelanta por la izquierda y te apartas si un vehículo de emergencia detrás de ti tiene las luces intermitentes encendidas. Eso es lo que hace que todo el mundo pueda conducir en estos países: todos conocen las normas de circulación.

Una carta de equipo incluye la misión de la empresa y del grupo, los roles y las responsabilidades, la normativa sobre los horarios y la puntualidad de las reuniones, las expectativas y las directrices de comunicación y comportamiento. Por ejemplo, ¿las reuniones empezarán siempre a la hora fijada aunque los miembros clave lleguen tarde? ¿Cómo tomará las decisiones el equipo? ¿Cómo resolverá los conflictos? ¿Qué canales utilizarán sus miembros para comunicarse? ¿Cuál es el tiempo de respuesta esperado? ¿Está bien poner a alguien en copia oculta (CCO) en un correo electrónico? Durante una reunión, ¿es aceptable hacer otro trabajo, enviar correos electrónicos o mensajes de texto? ¿Gritar es un comportamiento que toleramos? ¿Se espera que todos contribuyan a debatir en la reunión? Y, en caso afirmativo, ¿cómo?

Beat me contó una norma interesante que se usaba en uno de sus equipos: todos leían los informes u otros materiales antes de encontrarse y luego usaban el tiempo de la reunión para discutirlos. Si durante esta quedaba claro que alguien no había hecho la lectura, la reunión se cancelaba en el acto. Cuando le pregunté si alguna vez habían aplicado esa norma, Beat dijo:

—Solo una vez, y la infracción no volvió a ocurrir.

Y este es un punto importante sobre las cartas de equipo: no son una lista de deseos o de comportamientos anhelados; son las normas de circulación que la gente del grupo cumplirá y de las que se hará responsable.

También puedes hacer que los empleados creen un «manual de usuario» para ayudar a todos en el grupo a entender cómo trabajar más eficazmente unos con otros. Cuando compramos una tostadora, viene con una guía de instrucciones para ayudarnos a entender cómo usarla eficazmente y mantenerla en buen estado. Un manual de usuario para personas es similar: nos ayuda a entender cómo trabajar bien con alguien al comprender su estilo y sus preferencias. Por ejemplo, en un grupo con el que trabajé, uno de los miembros del equipo nos dijo que sabríamos cuándo está realmente estresado porque empezaría a limpiar para aliviar su ansiedad. Así que un día, cuando llegamos a la oficina y lo encontramos limpiando el armario de los suministros, entendimos lo que pasaba e intentamos no añadirle más estrés. Las instrucciones de uso pueden incluir muchos de los elementos del diagrama Zigzag, así como las respuestas a preguntas como estas:

- En un día normal, me describirías como...
- Algo que podría sorprenderte de mí es...

- Mis principales fortalezas incluyen...
- Algunas áreas de desarrollo en las que estoy trabajando son...
- Lo que me entusiasma de verdad es...
- Mis valores fundamentales son...
- Algo que a veces la gente no entiende de mí es...
- Lo que de verdad me irrita es...
- La forma en que me gusta que se comuniquen conmigo es...
- Algunos rasgos y cualidades que valoro en otras personas con las que trabajo incluyen...
- Sabrás que estoy estresado o abrumado porque mis pistas son...
- Las formas en que me gusta relajarme y desconectar incluyen...
- Otras cosas que deberías saber de mí son...

Ayuda a crecer a los demás: somos una obra en construcción

El *feedback* o retroalimentación consiste en ayudar a la gente a mejorar, en potenciar sus habilidades para aumentar sus capacidades. Y esto no solo los impulsa en su carrera, sino que también ayuda al equipo en términos de un mejor rendimiento colectivo y a la organización en términos de resultados. Así como necesitamos entendernos y luego gestionarnos para alcanzar nuestro siguiente nivel, para ayudar a otros a crecer no solo debemos entenderlos, sino también echarles una mano para que logren desarrollarse. Y una gran parte de esto consiste en el uso del *feedback* (figura 5.2).

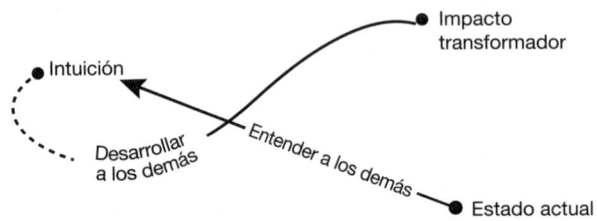

Entender y desarrollar a otras personas conduce al objetivo que buscamos

Impacto transformador

Intuición

Desarrollar a los demás

Entender a los demás

Estado actual

Figura 5.2. Modelo de cómo liderar a los demás.

Todos somos una obra en construcción, y el desarrollo es un proceso, no un acontecimiento. Para que la retroalimentación sea verdaderamente efectiva, debe integrarse como una práctica habitual: constante, periódica y constructiva. Esto implica ofrecerla con un genuino espíritu de crecimiento, enfocada en ayudar a las personas a potenciar su efectividad, no en juzgarlas o señalarlas. Cuando trabajaba en consultoría estratégica, mis empleadores se tomaban en serio la idea de que «las personas son nuestro activo más valioso» y tenían una fuerte cultura de desarrollo. Fue allí donde Bob me dijo que debía participar más en las reuniones y tuvo paciencia conmigo mientras yo cometía todo tipo de errores en el camino hacia el dominio de esa habilidad. En esta organización, los líderes ofrecían retroalimentación de manera cotidiana, tanto para reconocer los aciertos como para identificar áreas de crecimiento que potenciaran nuestro desempeño. Se trataba de una cultura donde el desarrollo era tanto una expectativa como una prioridad, y donde, muy a menudo, recibías el apoyo necesario para evolucionar. Este enfoque contrasta marcadamente con el de muchas empresas, donde la frase «voy a darte *feedback*» suele anteceder una crítica poco constructiva y amable. Sin embargo, no tiene por qué ser así.

Proporcionar un *feedback* oportuno y constructivo es una práctica importante en el desarrollo de los demás, y la mayoría de nosotros podríamos mejorar en la formulación y la entrega de ese *feedback*. Hay seis pasos para ayudar a la gente a crecer a través de la retroalimentación:

1. **Establece tu(s) intención(es).** Inicia el proceso de *feedback* reflexionando sobre tus pretensiones. ¿Qué objetivo persigues al ofrecerlo? ¿Qué conductas específicas deseas reforzar o modificar? ¿Cómo esperas que la persona recepcione y procese tus observaciones? Considera también el tono de la interacción: ¿qué clima emocional quieres crear? Anticipa posibles reacciones —tuyas y de tu interlocutor— y define cómo preferirías manejarlas si se presentan.

2. **Formula lo que vas a decir.** Controla tu comunicación —selecciona cuidadosamente las palabras y adecúa el tono— para garantizar que el *feedback* cumpla su propósito. Enfócate específicamente en la conducta que deseas abordar: ya sea una acción que está beneficiando a la persona o al equipo, y que merece reconocimiento y refuerzo; o un comportamiento que esté limitando su desarrollo profesional, y sobre el cual necesitas alertarla para facilitar su corrección. Identifica con precisión cuál es esa actitud, en qué situaciones concretas la has observado y qué impacto ha tenido. Deja claro que buscas ajustar una acción específica, no cambiar la personalidad del trabajador. El *feedback* debe verse siempre como un puente hacia su desarrollo y éxito, nunca como un juicio sobre su manera de ser.

3. **Practica cómo lo dirás.** Escribe lo que vas a decir y luego exprésalo en voz alta para oír el tono de voz que usas. ¿Cómo sonará para la otra persona? Las palabras que formulas y dices en tu cabeza a menudo no suenan igual cuando salen

de tu boca, así que es útil pronunciarlas en voz alta antes de abordar el proceso de retroalimentación. Practicar cómo lo dirás tiene el beneficio añadido de ayudarte a pensar en posibles reacciones y en cómo te gustaría responder a ellas. Si sospechas que el receptor del *feedback* puede ponerse a la defensiva, enfadarse o descartarlo, tal vez quieras practicar antes con un colega. Así estarás mejor preparado para la sesión y te sentirás más seguro al dar el *feedback* mientras controlas tus propias emociones y reacciones al hablar.

4. **Procede con el *feedback*.** Procura ofrecer retroalimentación lo más cerca posible del momento en que observaste los hechos, para que el contexto permanezca fresco en la memoria de ambos. Algunas veces, bastará un comentario rápido e informal al pasar por su espacio de trabajo o en una breve llamada; otras, será preferible programar una conversación para más adelante, especialmente si no estáis en el mismo lugar, si se necesita una videollamada o si las emociones están demasiado intensas en ese instante. Concedernos tiempo para serenarnos, tanto a nosotros como a la otra persona, suele allanar el camino hacia una conversación más productiva y centrada.

5. **Indaga para asegurar la comprensión y el reconocimiento.** Una vez compartido el *feedback*, verifica que la persona comprenda lo expuesto. Esto puede implicar revisar juntos la situación y la conducta mencionadas, haciendo una pausa para reflexionar sobre el impacto de dicha acción. Cuando confirmes que lo ha entendido, podréis explorar juntos los motivos subyacentes a ese comportamiento: ¿qué pensaba y sentía en ese instante? Profundizar en el origen de la acción permite comprender las razones detrás de su actitud y sienta las bases para considerar alternativas de conducta en situaciones futuras.

En ocasiones, la persona podría recordar perfectamente los hechos, pero no estar de acuerdo con la interpretación del impacto o justificar lo ocurrido. En estos casos, será necesario dedicar tiempo a ayudarla a reconocer otras perspectivas, así como a darse cuenta de las consecuencias que su actitud tiene no solo en los demás, sino también en su propia reputación y proyección profesional.

6. **Guía hacia la mejora.** Una vez comunicado el *feedback* y confirmada la comprensión de su impacto, podemos guiarles para reemplazar patrones de conducta actuales por otros más efectivos. Si tras la conversación observas una mejora, reconócela abiertamente; esto reforzará el nuevo comportamiento. Valora el progreso, no la perfección. Y si detectas que el patrón anterior reaparece, menciónalo en una nueva sesión de *feedback*. Este acompañamiento continuo no solo les ayuda a ser más conscientes de sus actos, sino que también les facilita adoptar respuestas más constructivas en el futuro. Además, transmite un mensaje claro: estamos de tu lado, apoyando tu evolución, pero también esperamos que te responsabilices de tus acciones.

Así como damos *feedback* a nuestro equipo, también podemos ofrecerlo a nuestros pares. Sue Bevan Baggott, asesora ejecutiva e inversora de proximidad, compartió una experiencia de su época en Procter & Gamble. Al regresar a Estados Unidos después de una larga asignación en Europa, se integró en un equipo multifuncional con una colega de *marketing* tan talentosa como impuntual.

—Era brillante y motivada, pero llegaba crónicamente tarde a todas las reuniones.

Sue decidió abordar el problema, aunque la conversación inicial no salió como esperaba:

—Cuando le señalé que su impuntualidad faltaba al respeto al equipo, estalló contra mí.

Fue entonces cuando comprendió que debía manejar la situación con mayor empatía. En una segunda conversación, aclaró que su intención no era criticarla personalmente, sino destacar cómo su comportamiento afectaba al equipo:

—Le expliqué que queríamos apoyar su éxito, pero su impuntualidad limitaba nuestra capacidad para hacerlo.

Al centrarse en el comportamiento y no en su persona, la colega pudo escuchar y reflexionar. Poco a poco, comenzó a cambiar su actitud, e incluso su relación mejoró hasta el punto de que tiempo después invitó a Sue a su boda.

Este caso ilustra que es posible ser directo y amable al mismo tiempo. Marian Poirier (a quien conocimos en el capítulo 4), alta ejecutiva en una empresa de servicios financieros en Australia, destaca el valor de ofrecer un *feedback* honesto y constructivo, incluso cuando resulta incómodo:

—La gente adecuada siempre reconoce y respeta la sinceridad. Aunque dar *feedback* a colegas de alto rango puede ser difícil o incómodo, si se hace bien, ganas su respeto.

De hecho, al dejar su puesto, su sucesor le escribió: «Tu capacidad para dar un *feedback* a veces brutal, pero siempre constructivo y sin dañar las relaciones, era admirable».

Mentoring y *coaching*: orientación y entrenamiento

Aunque *mentoring* y *coaching* se usan a menudo como sinónimos, se trata de técnicas diferentes. En resumen, el *mentoring* consiste más en decir, y el *coaching*, más en preguntar. Un mentor comparte sus conocimientos, experiencia y habilidades con un aprendiz, ofreciéndole consejos y orientación. Responde preguntas sobre cómo actuaría él mismo en ciertas situaciones y sugiere caminos concretos a seguir. Un *coach* no da consejos, sino que utiliza preguntas orientativas para ayudar a la persona a reflexionar sobre una situación, los posibles cursos de acción y las consecuencias o resultados de esas diferentes acciones. El resultado es que la persona que recibe el *coaching* desarrolla su propia solución al problema.

Por ejemplo, como mentor de alguien que se enfrenta a una situación difícil, podrías ofrecer consejos para interpretar lo ocurrido, compartir claves para entender las perspectivas ajenas o sugerir palabras y acciones que contribuyan a resolver el contratiempo. Si, en cambio, actuaras como *coach*, tu rol consistiría en hacer las preguntas indicadas: ¿cómo abordarías esta situación? ¿Cómo crees que siente o interpreta esto la otra persona? Si eligieras ese camino, ¿qué resultado esperarías? Considerando todos los factores, ¿qué acción te parece más útil para avanzar? Al formular preguntas sin ofrecer respuestas ni sugerencias, permites que la persona reflexione y elija su propio camino. Este proceso no solo favorece la autonomía, sino que también incrementa su compromiso con las decisiones tomadas.

Tanto en el *coaching* como en el *mentoring*, cabe la posibilidad de compartir experiencias propias de tu desarrollo como líder y, de hecho, te sugiero que lo hagas. Esto puede incluir, por ejemplo, algún *feedback* significativo que hayamos recibido en el pasado, cómo lo procesamos y de qué manera contribuyó a nuestro crecimiento profesional. Estas historias no solo humanizan nuestra figura, sino que construyen confianza de manera genuina. Investigaciones recientes respaldan esto: cuando los líderes muestran vulnerabilidad, las probabilidades de ganar la confianza de sus colaboradores se multiplican por 5,3. Y cuando reconocen abiertamente sus errores o áreas de mejora, esa confianza puede aumentar hasta 7,5 veces en comparación con quienes no lo hacen.[7]

Lidiando con los empleados problemáticos

¿Qué define a un «empleado problemático»? Se trata de una persona cuyo desempeño es insuficiente o que genera dificultades en el equipo debido a su actitud, acciones o comportamientos. Esto suele manifestarse en falta de motivación o esfuerzo, resistencia a colaborar, poca receptividad al *feedback*, quejas o críticas constantes, necesidad de llevar siempre la razón, imposición de opiniones sin considerar el contexto, competitividad extrema que limita la cooperación, ambición desproporcionada a sus capacidades o actitudes groseras, hostiles o pasivo-agresivas. Aunque muchos de estos comportamientos afectan directamente el rendimiento individual, su impacto más inmediato y severo suele recaer en el funcionamiento del equipo. En cualquier caso, cuando nos enfrentamos a un empleado problemático, es imprescindible intervenir a tiempo.

La primera acción es mirarse al espejo. ¿Hay algo que estéis haciendo que contribuya a ese comportamiento difícil? Por ejemplo, ¿evitamos las conversaciones más complejas con el empleado problemático? ¿Quizás hemos visto esta actitud antes, pero no la hemos mencionado porque nos sentíamos incómodos dando *feedback*? ¿No le hemos hecho responsable de la calidad de su trabajo?

Hace muchos años, estaba a punto de hacerme cargo de un grupo, y la jefa saliente pasó por mi despacho y dejó caer una gran pila de carpetas sobre mi escritorio mientras me explicaba que eran los expedientes personales de cada miembro del grupo que ahora yo dirigiría, incluidas las evaluaciones de desempeño anuales. Al despedirse, me dijo:

—Te debo una disculpa. Debería haber despedido a Olivia hace mucho tiempo.

Inmediatamente después de que se marchara, revisé el expediente de Olivia y me sorprendió lo que encontré: quince años de evaluaciones de desempeño intachables. En una escala del uno al cinco, había obtenido consistentemente la máxima calificación en cada categoría, año tras año. Además, no existía ni un solo comentario negativo en ningún informe.

Con solo una semana en el cargo, ya era evidente para mí que Olivia no cumplía con sus responsabilidades y que el equipo sufría las consecuencias de su bajo rendimiento. Permitir que una empleada mantuviera un desempeño deficiente durante tanto tiempo, afectando la productividad y la moral del equipo, constituyó una grave negligencia por parte de su anterior jefa. Además, fue profundamente injusto para Olivia, quien nunca recibió la retroalimentación honesta ni el apoyo que podrían haberle permitido mejorar. Proporcionar *feedback* constructivo forma parte fundamental de nuestra responsabilidad como líderes, aunque a corto plazo resulte incómodo para ambas partes. Sin embargo, cuando se realiza adecuadamente, este *feedback* no solo beneficia al receptor, sino que de manera habitual impacta positivamente en toda la organización.

Con frecuencia, trabajamos con personas cuyo estilo, origen generacional, sector o región del mundo difieren del nuestro. Estas diversidades no equivalen necesariamente a dificultad; son simplemente eso: diferencias. En muchos casos, nosotros mismos podemos estar complicando la situación al evitar abordar el tema o al no ofrecer a tiempo la retroalimentación que ayudaría a los demás a crecer.

En otras ocasiones, debemos dar *feedback* porque alguien se está comportando de manera inadecuada. Cuando ese es el caso, resulta útil recordar que los empleados que se comportan mal son a menudo personas que están sufriendo, y que sus malas actitudes son un indicio de que están abrumados y son incapaces de hacer frente a la situación. Aunque esto no excusa el comportamiento, suele darnos una idea de lo que hay detrás. A veces podemos ayudar a estas personas a abordar la raíz de su malestar, y otras no. Al fin y al cabo, no tenemos la capacidad de cambiar su actitud —solo ellos pueden hacerlo—, pero si está afectando negativamente a otros, es nuestra responsabilidad intervenir. Esto suele lograrse mediante *feedback* específico sobre la conducta y su impacto en el equipo. Con quienes muestran resistencia o no responden adecuadamente, puede que necesitemos repetir estas conversaciones, incluso dando *feedback* sobre su propia capacidad para recibirlo y cómo esto podría afectar a su trayectoria profesional. Si aun así persiste la falta de apertura, tal vez necesites sostener una conversación más directa, en la que se expliquen claramente las consecuencias de no mejorar, incluyendo posibles medidas disciplinarias o la salida de la organización. Como me dijo Beat, el consultor de gestión y directivo interino con sede en Suiza:

—Si alguien no rinde bien y no está interesado en esforzarse por mejorar, tenemos que actuar. Y cuanto más esperemos, mayor será el coste que esta persona supone en términos de quemar tu energía y tu reputación como líder. También es una mala señal para otras personas del equipo que sí trabajan duro, adquieren nuevas habilidades y rinden bien. Tuve una situación así una vez, en la que una persona no estaba funcionando. Lo llamé el «director general de las excusas» porque tenía una para todo: por qué no cumplió el plazo, por qué llegó tarde a la reunión, por qué no llamó al cliente, por qué la hoja de cálculo no cuadraba. Tenía una excusa para todo. Y confié en esta persona demasiado tiempo porque, por defecto, tiendo a buscar y ver lo bueno de una persona. Pero me costó caro, en términos de confianza con el resto del equipo. Así que no he vuelto a cometer ese error nunca más. Cuando hay una persona problemática en el equipo que no responde a la ayuda que le das, de verdad tienes que actuar.

Cómo abordar las conversaciones difíciles

Una de las decisiones más complejas que afronta un líder es la de separar a alguien de su equipo o de la organización. A menudo descritas como «medidas necesarias», estas acciones implican asumir un coste emocional inmediato en favor de un bien mayor.[8] Estas situaciones pueden presentarse de distintas formas: despedir a alguien durante una recesión para asegurar la supervivencia de la empresa, reubicar o aconsejar la salida de un colaborador de bajo rendimiento, modificar el rol de alguien tras una reestructuración, prescindir de personal al cerrar una sede o separar a un empleado que acosa, intimida o actúa de forma antiética para proteger la salud del equipo y de la organización en su conjunto.

Estas conversaciones despiertan inevitablemente emociones intensas en ambas partes: compasión, ansiedad, tristeza, culpa o incluso ira. Según diversos estudios, comprendernos a nosotros mismos y anticipar ese «cóctel emocional» que surge al despedir a alguien es fundamental para manejar este difícil proceso con la mayor integridad y claridad posibles.[9] Como cualquier acto de liderazgo, las desvinculaciones se pueden hacer bien o mal. Tener que despedir a alguien, ya sea por simples razones económicas, por bajo rendimiento o por un comportamiento dañino, rara vez es una experiencia agradable. Todavía recuerdo la primera vez que tuve que despedir a alguien por bajo rendimiento, una acción que fue particularmente difícil porque yo había contratado a esa empleada y me caía muy bien como persona. Sin embargo, no estaba rindiendo bien en su trabajo y muchos meses de *coaching* no habían logrado mejorar su desempeño: era necesario reemplazarla. La organización donde trabajaba contaba con un protocolo que incluía entregar una carta a la persona al final de la reunión de despido. Esta reafirmaba la decisión y detallaba la pérdida inmediata de acceso a sistemas, información y espacios físicos de la empresa. Al revisar el documento con el abogado de la compañía, este comentó que era la carta más humana que había visto para una situación así.

—Bien —le dije—. Esa era mi intención. No creo que haya que ser robótico ni excesivamente legalista en estas cosas. Simplemente debemos ser humanos.

Durante toda la semana previa a la conversación de desvinculación, la ansiedad me acompañó. La noche anterior a la reunión, apenas logré conciliar el sueño. El encuentro transcurrió tan bien como era posible en esas circunstancias, pero aun así, una vez terminado, me invadió una profunda pesadumbre. Al comentarle mis sentimientos a mi jefe, le confesé lo afligida que me sentía y le pregunté —a alguien que sin duda había vivido esa situación en múltiples ocasiones— si con el tiempo llegaba a resultar más fácil.

—No —me dijo—. Nunca se vuelve más fácil. Y no debería hacerlo. De hecho, si alguna vez despedir a alguien se convierte en algo sencillo para ti, es que algo va mal contigo, porque lo que estás haciendo, aunque esté justificado, le causará dolor a otra persona. Y si le estás causando daño a otro, eso también debería causarte a ti cierta dosis de pena.

Aunque una conversación como esta suponga un revés para la otra persona, en algunas ocasiones no queda otra solución que afrontarlas. A veces, los males necesarios son, lamentablemente, inevitables.

Qué puede interponerse en el camino

El liderazgo es, en esencia, una vocación profundamente humana. A medida que avanzamos en nuestra carrera, la gestión de personas adquiere un papel cada vez más central en nuestras responsabilidades. Esta dimensión humana impregna todas las facetas del rol: desde la selección, formación y guía de individuos, equipos y departamentos, hasta el diseño de las políticas que definirán estas prácticas para el resto de la organización. Como me dijo Phil, el científico de datos que conocimos en el capítulo 3:

—Al contactar con un antiguo colega que había sido ascendido a director financiero, me compartió, unos seis meses después de asumir el cargo, lo sorprendido que estaba por la cantidad de tiempo que su nuevo rol le demandaba dedicar a la gestión de situaciones relacionadas con el personal: «Quería ser director financiero porque disfruto de las finanzas y de averiguar cómo podemos sostener el crecimiento y mantener la salud financiera. Pero ahora, cerca del 50 % de mi trabajo consiste en lidiar con asuntos de personal».

No todo el mundo se siente cómodo ni es bueno al lidiar con los demás, y existen varias razones para ello, entre las que se incluyen las siguientes:

- **No entender que el liderazgo implica el contacto con otras personas.** La esencia del liderazgo consiste en guiar a las personas —y a las organizaciones compuestas por ellas— hacia un futuro distinto. No todos comprenden o disfrutan esta responsabilidad, pero forma parte inherente de nuestro rol. He conocido a varias personas que, a medida que ascendían a puestos más altos de liderazgo, descubrieron que no les gustaba dirigir a otras personas y asumieron un rol diferente. Una de esas personas descubrió que prefería hacer el trabajo en lugar de liderar a otros, y dejó un puesto en el que gestionaba a cientos de personas por un rol de asesor de alto nivel en el que es mucho más feliz. Reconocer si disfrutamos liderando y desarrollando a otros es, en el fondo, y otra vez, un ejercicio de autoconocimiento.

- **La brecha entre el saber y el hacer.** Al igual que ocurre con la autogestión, liderar a otros también puede implicar una brecha entre el saber y el hacer. Guiar a personas, con toda su complejidad, representa un desafío constante, y con frecuencia no logramos aplicar en la práctica lo que sabemos que sería lo más adecuado. Recuerdo, por ejemplo, a un colega reconocido como experto en gestión: impartía conferencias, asesoraba a empresas y publicaba libros sobre el tema. Sin embargo, en el día a día, le resultaba casi imposible llevar a la práctica los principios que enseñaba. Predicaba sobre tratar a las personas con respeto, reconocer el mérito ajeno, otorgar el beneficio de la duda y modelar los comportamientos. Sin embargo, aunque su conocimiento era vasto, no lograba traducirlo en acciones consistentes. Es probable que muchos de nosotros hayamos caído en esta contradicción en algún momento. Lo importante es realizar una autoevaluación honesta: ¿estamos aplicando realmente lo que sabemos para mejorar nuestra efectividad como líderes? Una vez respondida esa pregunta, debemos emprender el proceso, a menudo desordenado, de autogestionarnos hacia esos comportamientos deseados. En el liderazgo, no se reconoce el saber, sino el hacer.

- **Dar un mal ejemplo.** Siempre corremos el riesgo de exigir comportamientos que nosotros mismos no seguimos. Por ejemplo, si somos propensos a tener estallidos de ira o a tratar mal a los demás, perdemos la credibilidad o la autoridad para pedir ecuanimidad o respeto. Y tiene sentido; porque no hemos sido capaces de modelar esos comportamientos nosotros mismos.

- **Miedo al conflicto.** Mucha gente teme que una sesión de *feedback* se convierta en una conversación difícil y, por lo tanto, evitan ese momento incómodo. Así que, en lugar de trabajar en su incomodidad para luego llevar adelante la reunión, esperan que el comportamiento no deseado desaparezca por sí solo o que la otra persona se dé cuenta por sí misma. Este fue el caso de la jefa de Olivia, que no le ofreció *feedback* alguno durante quince años: evitó discusiones potencialmente difíciles y, por lo tanto, no le dio a su empleada la retroalimentación que merecía.

- **Sentirse abrumado.** A veces estamos tan abrumados con nuestro propio trabajo que pensamos que no podemos dedicarle un poco de tiempo al desarrollo de los demás. En este caso, resulta útil recordar que cuando desarrollamos a otros también nos ayudamos a nosotros mismos. A medida que las personas evolucionan en sus trabajos, su crecimiento nos beneficia, ya que así podemos delegar y centrar nuestra atención en asuntos más estratégicos.

- **Nuestra propia inseguridad.** A veces tememos que formar a otros pueda debilitar nuestra autoridad, posición o incluso volverlos competidores capaces de eclipsarnos. Sin embargo, la efectividad de un líder se mide, en buena parte, por la capacidad de su equipo para rendir y crecer. Además, si no preparamos a alguien para que eventualmente ocupe nuestro lugar, estaremos limitando también nuestro propio avance profesional.

Somos un ejemplo constante

El liderazgo es una labor de largo alcance, cuyos efectos más profundos a menudo solo se revelan con el tiempo. Ashley, quien se jubiló hace poco de la oficina londinense de una consultoría global, experimentó esto en carne propia. A lo largo de su carrera, nunca fue plenamente consciente de la huella que dejaba en los demás.

—Al comenzar —compartió—, carecía de referentes femeninos, así que me conmovió profundamente que tantas mujeres, y no pocos hombres, se acercaran a decirme cuánto habían aprendido de mí y que me consideraban un ejemplo. Yo solo hacía mi trabajo, sin ser del todo consciente de que, sin proponérmelo, estaba inspirando a otros. La cantidad de mensajes, cartas y llamadas que recibí fue abrumadora. Saber que dejé una huella positiva en tantas personas es uno de los mayores orgullos de mi vida.

Al final, el verdadero liderazgo se mide por el impacto en las personas, las organizaciones y la sociedad. No se trata de un cargo o una posición, sino de una actitud, habilidades y comportamientos que, unidos, impulsan a las personas y a las organizaciones hacia un futuro más prometedor.

6

Gestionar hacia arriba

—Con el tiempo, el ascenso que obtuve hace unos años se reveló como un arma de doble filo.

Tales fueron las palabras de John, el director financiero de una gran empresa del sector sanitario. El ascenso vino con un buen aumento de sueldo, mayores responsabilidades y un nuevo coche, cortesía de la empresa. Pero también contaba con una parte negativa: ahora John reportaría al director financiero general, Nathan, que este tenía fama de ser una persona con la que era muy difícil trabajar:

—Como muchas personas demasiado inteligentes, Nathan era impaciente con los trabajadores que no podían seguirle el ritmo mental o no entendían su visión. Era directo, grosero y lideraba como un dictador, a través de la intimidación y el miedo. Era, en esencia, un tirano.

Y aunque la rotación en el equipo de Nathan era muy alta, la empresa hacía la vista gorda porque daba resultados.

—A menudo pienso que la gente como Nathan es insegura y usa una fachada de tipo duro para ocultar esa inseguridad. Así que lo que necesitan es sentir que están al mando y que los demás trabajan para ayudarlos, no en su contra —me confió entonces John—. Pasé muchos años en consultoría y tiendo a pensar en mi jefe como en otro cliente cuyos problemas estoy ayudando a resolver, y así es como abordé mi relación con Nathan.

En lugar de limitarse a acatar las órdenes directas de Nathan, John adoptó un papel más proactivo: lo guio para analizar problemas y explorar soluciones, contribuyó con ideas innovadoras y mantuvo un flujo constante de información sobre la situación en los niveles operativos del equipo y en otras áreas de la organización.

—Siempre he mantenido una actitud positiva y me relaciono con facilidad, pero conectar con Nathan requirió un esfuerzo excepcional —prosiguió John—. Me esforcé mucho por crear una conexión de verdad. Le contaba algo acerca de mí, le hacía alguna pregunta sobre él, le pedía consejo sobre algo o le contaba lo que pasaba con el equipo. Quería que me viera como una persona, no solo como un par de manos extra. Quería que entendiera que detrás de esas manos había una mente y una actitud colaborativa.

Tras varios meses, Nathan comenzó a reconocer en John cualidades como inteligencia, perspicacia, discreción y utilidad, lo que poco a poco lo llevó a abrirse.

—Por ejemplo —me explicó John—, antes solían entregarle a Nathan las cifras trimestrales para la presentación de resultados, y él simplemente las exponía. Yo tengo facilidad para transformar los datos en una narrativa comprensible, así que lo ayudé a contar la historia detrás de los números: qué habíamos hecho para llegar hasta ellos y qué podíamos esperar para el trimestre siguiente.

Las presentaciones de Nathan mejoraron notablemente, y el apoyo de John fortaleció su relación.

—Creo que fue entonces —señaló John— cuando Nathan entendió que podía contar conmigo como un aliado intelectual.

Los resultados del equipo mejoraron, y John comenzó a integrar y destacar el trabajo de otros colegas:

—Con el tiempo, Nathan también se mostró más receptivo a sus aportaciones. Aunque seguía sin ser el jefe ideal, había mejorado significativamente, y el ambiente en el área de finanzas se volvió mucho más llevadero.

La experiencia de John nos muestra cómo relacionarse de manera efectiva con un jefe difícil. Quien haya pasado por una situación similar conoce la delicadeza que esto implica.

Si en el capítulo anterior exploramos cómo desarrollar a nuestros colaboradores, en este nos enfocaremos en cómo gestionar la relación con nuestro propio superior para optimizar resultados, contribuir a su éxito y, al mismo tiempo, potenciar nuestro propio crecimiento profesional.

¿Qué significa «gestionar hacia arriba»?

Nuestro jefe representa una de las figuras más influyentes en nuestro desarrollo profesional. La relación con él o ella, sin embargo, puede presentar desafíos particulares: su mayor experiencia, acceso a información privilegiada y redes de contacto, junto con su posición jerárquica superior, introducen una asimetría de poder que debemos aprender a gestionar con tacto.

Gestionar hacia arriba implica asumir la responsabilidad activa de esta relación. Debido a su lugar en la jerarquía organizativa y a la asimetría de poder que esto conlleva, tratar con tu jefe requiere cuidado, planificación y tacto. Dada la autoridad que nuestro superior posee sobre nuestra trayectoria, esta gestión se convierte en una estrategia proactiva para orientar nuestra carrera. Él o ella puede convertirse en fuente de orientación, consejo y patrocinio profesional, por lo que descuidar esta relación significa posiblemente perder oportunidades clave.

Al igual que cada miembro de nuestro equipo es único, también lo es nuestro jefe. No existe un método único para liderar, ni tampoco para gestionar esta relación ascendente. Nuestro superior merece el mismo respeto y apoyo que brindamos a nuestro equipo, y que esperamos para nosotros mismos. Se trata de una relación de interdependencia, basada en confianza y expectativas mutuas. Eso sí, debemos ser conscientes de que para nuestro jefe esta es solo una de las muchas relaciones que gestiona, y que nuestro crecimiento profesional no necesariamente ocupa el primer lugar en sus prioridades.

Cómo gestionar hacia arriba

Gestionar hacia arriba consiste en ayudar a tu jefe a tener éxito, apoyar su trabajo y complementar su estilo. Aunque no necesitas ser exactamente como él o ella para que vuestra relación sea buena, entender de dónde viene puede animarte a seguir su ejemplo y a echarle una mano para que obtenga mejores resultados. Hay varios aspectos a tener en cuenta:

- **Entiende a tu jefe.** Comprender en profundidad el rol de nuestro jefe —sus responsabilidades, los factores que influyen en su remuneración o ascenso, las presiones que soporta y las prioridades que gestiona— nos permite anticipar sus necesidades y ofrecer un apoyo más efectivo. Quizás tu jefe tiene un superior difícil. Podría ser responsable de un proyecto o una línea de productos que no va bien. O tal vez esté atravesando una situación difícil en su vida personal (p. ej., un divorcio o una enfermedad en la familia) que lo tiene distraído en el trabajo. Más allá de eso, pregúntate: ¿cuáles son sus fortalezas y debilidades? ¿Cuáles son sus metas y prioridades? ¿Qué problemas y presiones afronta? ¿Cómo podrías ayudarlo? ¿Quién y qué ha moldeado su visión del mundo? ¿Cuál es su trayectoria y experiencia, y cómo podrían haberlo influido estos factores y su forma de liderar? ¿Qué valores demuestra o discute? ¿Cómo le gusta que se comuniquen con él? ¿Cuál es su estilo? Así como cada uno de tus empleados es diferente, tu jefe tiene sus propias idiosincrasias. Usar el diagrama que abordamos en el capítulo 5 también resulta útil para entender cómo y dónde tú y tu jefe sois similares o diferentes en lo que respecta al estilo y vuestro enfoque de los problemas.

- **Piensa como un socio.** Cuando comenzamos a ver a nuestro jefe como un aliado estratégico, transformamos por completo la dinámica de la relación. Al igual que John con Nathan, nos enfocamos en contribuir activamente a su éxito, buscando siempre un beneficio mutuo. Discutimos los temas con ellos, asumiendo una intención positiva por su parte. Les damos el beneficio de la duda. Hablamos bien de ellos cuando no están presentes. Nos preocupamos por su bienestar, tanto personal como profesional. Reflexiona: ¿en qué aspectos podrías fortalecer esta actitud de colaboración con tu jefe?

- **Demuestra tu valor.** Por encima de todo, haz bien tu trabajo. Ser consistentemente competente te brinda credibilidad y te otorga autonomía, permitiendo que tu jefe pueda enfocarse en otros asuntos. ¿Hasta qué punto cree que haces bien tu trabajo? ¿Qué podrías hacer para mejorar en esta área, ya sea desempeñando mejor tus funciones o ayudando a tu jefe a entender que lo tienes todo bajo control?

Incluso entendiendo a nuestro jefe, pensando como un socio y demostrando nuestro valor, puede que no seamos capaces de abrirnos paso y tener una relación sólida, de confianza y de apoyo mutuo. A menudo, las señales están ahí desde el principio, como descubrió la psicóloga organizacional y *coach* Gena Cox:

—Hace varios años, trabajaba en un equipo remoto y un día me di cuenta de que todos en la llamada tenían una orquídea en su escritorio. Pregunté por qué y me dijeron que era por el Día de la Madre. Su jefe les había regalado una a cada una para celebrarlo.

Gena también era madre y tenía el mismo jefe que los demás, pero a ella no le habían enviado una orquídea. Cuando se reunió con él unos días después, le preguntó, curiosa, por qué no había recibido una.

—Me dijo: «Vaya, no sabía que eras madre». De inmediato me di cuenta de lo extraño que era que no supiera qué era aquello que yo más valoraba. Y eso me hizo preguntarme por qué no se había enterado, ya que era algo que la mayoría de la gente conocía. Entonces recordé el día que nos presentaron, cuando me tuvo esperando en la recepción durante 45 minutos antes de salir a entrevistarme. Recordé que nunca reconoció el retraso ni se disculpó. Nunca había tenido un interés genuino en mí como persona. Me sentí ninguneada desde el primer día.

Y, lamentablemente, la situación nunca cambió:

—El incidente de la orquídea me ayudó a darme cuenta de que él nunca se iba a interesar por mí ni por mi carrera. Estaba muy claro que yo no le importaba, y empecé a preguntarme qué hacía yo allí. Me fui poco después. Este episodio me recordó algo esencial: como líder, debes evaluar tus actos desde la mirada de tu equipo. Si las personas que guías sienten que no son importantes para ti, es probable que decidan abandonar el barco. Estar demasiado ocupado como para ignorar la forma en que te perciben los demás es un lujo que los líderes no pueden permitirse.

Transiciones

La transición de un jefe a otro puede ser una situación estresante. Ya sea por una reestructuración, el ascenso de un colega a la dirección del equipo o la salida del anterior líder —motivada por un cambio de empresa, ascenso, jubilación o despido—, este escenario presenta tanto riesgos como oportunidades.

Los estudios confirman que los periodos de transición, incluida la llegada de un nuevo superior, suelen ser delicados. Si no se manejan con discernimiento, suelen frenar el progreso profesional e incluso llegar a truncarlo.[1] Y como vimos con la forma en que John abordó a Nathan y veremos con otros ejemplos más adelante, estas transiciones se pueden gestionar con bastante éxito. Es un punto de partida: deberás conocer, apoyar y construir una relación desde cero con tu nuevo jefe.

Que reemplacen a un líder con el que trabajaste durante años siempre resulta complicado, especialmente si mantenías con él una relación productiva. Es probable que te genere frustración o inquietud, pues no siempre se reconocerá tu trayectoria previa ni los vínculos que habías construido. Aunque el nuevo jefe tenga metas similares a las del anterior, lo más habitual es que tenga un estilo muy diferente. Aquí hay algunas preguntas que he utilizado y que pueden ayudarte a entender mejor a un nuevo jefe:

- ¿Cómo puedo ayudarte a aclimatarte a la empresa/equipo/clientes?
- ¿Qué metas y prioridades a corto plazo tienes en las que yo podría apoyarte para alcanzarlas?
- ¿Qué es lo más importante que puedo hacer desde mi puesto para ayudarte en el tuyo?
- ¿Qué podría hacer yo que, sin querer, te molestara?

- ¿Cuál es la mejor manera de comunicarme contigo? ¿Tienes un canal preferido para la comunicación y expectativas sobre qué y con qué frecuencia debemos hablar?

Estas preguntas nos permiten comprender mejor a nuestro nuevo jefe: su forma preferida de trabajar, los comportamientos que valora y cómo alinearnos con sus expectativas. También podemos recurrir al manual del capítulo 5, para compartir mutuamente nuestras respuestas y facilitar así el conocimiento recíproco.

Si el nuevo jefe proviene de dentro de la organización, otra estrategia útil es conversar con personas que hayan trabajado previamente con él. Su perspectiva nos ofrecerá información valiosa para construir una relación sólida desde el inicio.

Las transiciones abruptas, como el despido de tu jefe, constituyen una oportunidad excepcional para impulsar tu carrera, siempre que sepas comunicar tu valor y defender tu posición ante la dirección. Alexandra, una alta ejecutiva en una empresa europea de servicios financieros, vivió esto en primera persona. Cuando despidieron a su superior, ella se ocupaba de gestionar las relaciones entre toda la región de las Américas. Su jefe, un director gerente, estaba a cargo tanto de la gestión de relaciones como de ventas, un rol de gran responsabilidad.

—Al despedirlo —relata Alexandra—, la empresa me propuso reemplazarlo, pero solo en la parte de ocuparme de relaciones, ya que las ventas se las querían asignar a otra persona. No sentí que me hubieran concedido el puesto completo.

Con determinación, Alexandra presentó sus argumentos al jefe de su antiguo superior: ya había estado desempeñando las funciones del cargo, excepto la gestión comercial, y estaba preparada para asumir la responsabilidad total.

—Era una organización muy focalizada en ventas, por lo que tenían la creencia de que si no provenías de ese ámbito, no podías liderar un equipo comercial. Yo no era la candidata evidente, pero les expuse que me estaban contratando como directora de negocio, no solo como gerente de ventas.

Su lógica prevaleció y, aunque con cierta reticencia inicial, le otorgaron el puesto. Este momento se convirtió en el punto de inflexión más decisivo de su trayectoria.

Fue una transición difícil para Alexandra porque era la primera persona no proveniente de ventas que dirigía la unidad, así que le llevó algún tiempo ganarse el respeto del equipo:

—Como líder del negocio, me concentré en los aspectos estratégicos y en respaldar al equipo comercial, lo que me permitió ganarme su confianza. ¿El resultado? Las ventas crecieron, la unidad alcanzó un notable éxito y, gracias a este desempeño, me promovieron a directora gerente de la división europea. Años después, asumí la dirección global del negocio internacional. Todo comenzó cuando decidí dar un paso al frente y afirmar: «¡Puedo hacerlo!», aun sin ser la candidata evidente. Cumplí con ese compromiso y dudo sinceramente de que hubiera llegado a dirigir la división europea sin haber tomado esa iniciativa.

Un jefe con escasos resultados o una reestructuración pueden generar situaciones delicadas, como le sucedió a Megan, directora de ventas en una empresa de formación.

—En una etapa de mi carrera —relata—, trabajé para una supervisora encantadora pero ineficaz. Le abrumaba la presión constante inherente al área comercial.

Tras unos años, la empresa reorganizó los roles: ascendieron a Megan por encima de sus antiguos colegas, mientras que su anterior jefa fue relegada y pasó a reportarle a ella.

—Fue sumamente incómodo —confiesa Megan—. Ella era mayor, había sido mi superior durante años e incluso éramos amigas. La dinámica cambió por completo.

Ante los rumores en la oficina y la incomodidad palpable, Megan decidió abordar el tema con honestidad.

—Le dije: «Necesitamos hablar abiertamente de esto. Sería extraño asumir el puesto sin esta conversación».

Su gesto fue bien recibido. Ambas reconocieron lo difícil de la situación y se comprometieron a superarlo juntas. Y lo lograron.

Sea cual sea el escenario —un nuevo jefe o un antiguo superior que ahora es nuestro subordinado—, manejar la situación con sensibilidad y tacto resulta esencial para construir una relación funcional y respetuosa.

Apunte sobre los jefes verdaderamente nefastos

La mayoría de nosotros trabajaremos para un jefe realmente malo en algún momento de nuestras vidas, quizás más de uno. Una investigación de Harris Poll lo confirma, mostrando que más del 70 % de los trabajadores han tenido al menos un superior tóxico en su carrera.[2] Estos jefes difíciles pueden ir desde directores inexpertos e incompetentes hasta individuos verdaderamente malintencionados con poca consideración por el sufrimiento humano. Los investigadores han descubierto que cuando experimentamos falta de civismo en el lugar de trabajo, cerca de la mitad de las personas disminuyen intencionadamente su esfuerzo, más de tres cuartas partes dicen que su compromiso con la organización decae, y más de uno de cada diez afirma haber dejado un trabajo por el mal trato o comportamiento.[3]

En mis seminarios hablamos mucho de los «malos jefes», y lo interesante es que mucha gente llega pensando que toda la culpa es de sus superiores, cuando, en realidad, a menudo nosotros desempeñamos un papel significativo en esa relación difícil. Tal como discutimos al tratar con un empleado problemático, cuando tenemos un jefe que no es el ideal, también resulta útil mirarse al espejo, ya que puede haber algunas cosas que estemos haciendo que contribuyan a la situación. Además, es fácil confundir la incompetencia con una mala intención dirigida hacia nosotros. Tener esto en cuenta suele darnos un poco más de empatía hacia un antiguo mal jefe, porque nosotros aprendemos nuestras propias habilidades de liderazgo liderando a otros, al igual que ese antiguo mal jefe tuvo que aprender a liderar liderándonos a nosotros.

A veces aprendemos cómo gestionar a nuestros superiores gracias a que nos encontramos con uno muy difícil. Sofía, una ejecutiva de ventas de *software*, contó una historia en una de mis clases de desarrollo profesional que, de inmediato, generó mucha discusión y reflexión:

—Cuando tenía treinta y tantos, tuve un jefe realmente difícil que me hizo la vida imposible durante varios años. Al principio, prácticamente me ignoraba, y cuanto más éxito tenía yo, peor se comportaba él conmigo.

Aquella empresa de *software* había estado perdiendo clientes y se encontraba en un bache financiero cuando Sofía se incorporó, así que lo primero que hizo como nueva vendedora fue llamar a los clientes para conocerlos, hacerles preguntas sobre su experiencia con los sistemas informáticos y el servicio de la empresa, y ver cómo podía entender mejor lo que necesitaban. Durante esas llamadas, Sofía encontró mucha información interesante que le permitió construir relaciones sólidas con estos clientes. También la ayudó a ganar mucho dinero para la empresa.

—Redacté las conclusiones de mis entrevistas y envié el documento a otros gerentes de la oficina local —me contó Sofía—. Y esos directores lo reenviaron al equipo de ventas internacional y al de desarrollo de productos. De repente, yo estaba en el mapa dentro de la empresa y la gente sabía quién era. Sin embargo, esta nueva notoriedad empeoró la situación con mi jefe. En ese punto, pasó de ignorarme a ser abiertamente negativo y un poco hostil. Pero agaché la cabeza y seguí trabajando sin descanso. Cada jornada la vivía como una batalla para mantenerme centrada en el trabajo, mientras mi jefe, alguien que se suponía que debía apoyarme, se empleaba activamente en mi contra.

En dos años, Sofía se convirtió en la vendedora número uno de la empresa y empezó a concertar algunos acuerdos muy grandes. Poco después, negoció el contrato más grande en la historia de la empresa:

—Hicieron falta 250 reuniones a lo largo de un año entero para cerrar ese contrato. Y fue un gran negocio para la compañía. Lo que mi jefe hizo a continuación me dejó de piedra: envió un anuncio a toda la empresa sobre el nuevo acuerdo, pero el anuncio ni siquiera mencionaba mi nombre. Decía que el trato se había materializado gracias a su trabajo, aunque había tenido muy poca participación, y al de otra persona, alguien que se había incorporado a la empresa el mes anterior y no había participado en absoluto. Esa fue la gota que colmó el vaso, y fue la primera y única vez que renuncié a un empleo en el acto, sin tener otro a la vista.

Antes de empezar su siguiente trabajo, Sofía reflexionó sobre lo sucedido y se dio cuenta de que había contribuido a empeorar una mala situación. Aunque su jefe había sido un director terrible, ella nunca se había enfrentado a él para decirle que lo que estaba haciendo no solo era grosero y desmotivador, sino también dañino. A partir de esta reflexión, Sofía juró que nunca más toleraría un mal comportamiento de su jefe ni de nadie más con quien trabajara:

—Esta nueva determinación fue puesta a prueba apenas llegué a mi siguiente trabajo. Cuando un directivo sénior me envió un correo electrónico con algunos comentarios despectivos sobre la gente de mi región del mundo, fui a hablar con él. Pareció sorprendido de que yo sacara el tema y luego se puso a la defensiva, diciéndome que solo era una broma. Pero no era una broma, le dije, era un comportamiento grosero, inapropiado y para nada gracioso. La reunión fue tensa y no creo que le hiciera cambiar de opinión, pero supo que yo no toleraría ese tipo de comportamiento, y no ha vuelto a ocurrir.

Estas experiencias me enseñaron la importancia de dar un paso al frente y destacar en mi carrera. En lugar de esforzarme tanto por encajar, empecé a ser más yo misma. Dejé de ser tan callada y empecé a alzar la voz, a hacer más preguntas y a ofrecer mis propias opiniones. Marcó una diferencia enorme en mi forma de operar y en la manera en que la gente me percibía. No estaría en el puesto que ocupo hoy, liderando todo el equipo de ventas, si hubiera seguido pasando desapercibida como la joven callada y obediente que era antes.

Los directores verdaderamente terribles suelen estar ausentes o revelarse inalcanzables cuando más los necesitas para consejos y orientación, o demuestran una necesidad obsesiva de control mediante actitudes dominantes. Estos comportamientos incluyen interrumpir a los demás, hablar por encima, criticar constantemente, intimidar, caer en arrebatos de ira o humillar en público a otros, entre otras acciones que generan temor. También suelen sentirse amenazados por tus habilidades o éxitos y recurrir a la microgestión para reafirmar su autoridad, limitando tu acceso a información clave, conversaciones o contactos relevantes, desvalorizando tus aportes para «ponerte en tu lugar» o utilizando tácticas de dominio para minar tu confianza. A menudo, también, hacen promesas vacías —sobre ascensos, reducción de carga laboral u otros beneficios— que, por supuesto, nunca cumplen. Algunos de estos jefes suelen rodearse de aduladores y personas poco talentosas para sentirse más seguros y poderosos. Trabajar bajo este tipo de directores puede agotarte y resultar profundamente desmotivador.

En cuanto a la regulación de nuestros propios comportamientos en el día a día con gente de este calibre, Thich Nhat Hanh tiene una perspectiva interesante: «Cuando alguien te lastima, generalmente es porque carga con un profundo sufrimiento interior que desborda hacia los demás».[4] Cuando un jefe, o cualquier otra persona, nos trata mal, su comportamiento suele tener muy poco que ver con nosotros y más con lo que está ocurriendo en su propio mundo. Pero aunque no podemos controlar cómo piensan o se comportan los demás, sí tenemos control sobre nosotros mismos y nuestra actitud.

Si trabajas con un jefe inseguro, debes saber que existen estrategias para conseguir que la situación sea más llevadera. En primer lugar, hazle sentir que mantiene el control y evita cuestionarlo, especialmente frente a otros. Mantén un registro detallado de tus contribuciones y logros, para recordarlos cuando cuestione tu trabajo. Aprovecha la oportunidad para aprender todo lo posible de él, y amplía tu red de contactos para enriquecer tu desarrollo profesional y tus oportunidades. A veces, la lección más valiosa en estas circunstancias es comprender cómo no queremos tratar a los demás, al experimentar en carne propia el trato inadecuado. Esta conciencia, aunque surgida de una experiencia negativa, puede convertirse en un aprendizaje significativo.

Incluso de los jefes más complicados podemos extraer enseñanzas, como ilustra el caso de Daniel Mouen Makoua, líder en una empresa global de servicios medioambientales con sede en Londres, quien reflexionó sobre su experiencia con un superior particularmente difícil:

—Tuve un jefe muy exigente una vez, cuando yo me encargaba de llevar adelante la estrategia de una firma de gestión de inversiones y él era el presidente y director ejecutivo de la empresa. Aprendí que, para cumplir sus expectativas cuando me asignaba una tarea, debía ser extremadamente meticuloso en el trabajo que le presentaba y pensar con tres o cuatro pasos de anticipación al prepararlo. Esto implicaba responder no solo a la pregunta inmediata, sino también prever la siguiente serie de interrogantes que plantearía, y repetir el proceso hasta alcanzar una respuesta completa, precisa, bien fundamentada, viable, rentable y alineada con la estrategia del negocio. Fue un desafío trabajar con él, pero adquirí una valiosa habilidad para analizar los temas desde múltiples perspectivas y sintetizar respuestas a partir de distintas preguntas. Aunque era exigente, permanecí en su equipo dos años; la mayoría de las personas solo resistía seis meses.

Si trabajas con una persona difícil, recuerda que no puedes cambiarla ni a ella ni sus comportamientos. Solo ella tiene la capacidad de realizar esos cambios. No obstante, si percibes que tu jefe estaría dispuesto a evolucionar —si comprendiera el impacto negativo que genera en ti y en los demás—, tal vez te sea útil abordar la situación conversando sobre sus actitudes y sus efectos. Si, por el contrario, consideras que no estaría abierto a cambiar o que no recibiría bien tus comentarios, intentar ese diálogo podría empeorar tu posición. E incluso si manifiestan deseos o compromisos de mejorar, quizás carezcan del autoconocimiento o la capacidad de autogestionarse necesarios. Su nivel de consciencia y gobierno personal no depende de ti, pero sí puede afectarte en profundidad. Cuando te encuentras con un jefe verdaderamente negativo, de aquellos que resultan degradantes o abusivos, recuerda que su comportamiento refleja más sobre ellos que sobre ti. Aunque trabajar bajo un liderazgo tóxico nunca es fácil, mantener esta perspectiva te ayudará a no personalizar su actitud. Esto no excusa su conducta, pero sí permite darle un marco más objetivo.

Tú eres responsable de tu comportamiento; ellos del suyo. Como expresó el autor y pastor Dave Willis: «Muestra respeto incluso hacia quienes no lo merecen; no como reflejo de su carácter, sino del tuyo».[5] Este principio te ayudará a evitar que un conflicto se agrave o que tu conducta se convierta en el blanco de represalias. Sin embargo, si permaneces bajo el mando de un jefe abusivo que menosprecia tu valor, esto acabará afectando negativamente tu motivación, confianza, salud mental y trayectoria profesional. En tales circunstancias, a veces la opción más sabia es conservar el aprendizaje adquirido y decir adiós.

¿Me quedo o me voy?

Una de las consultas más frecuentes en mis programas es si conviene permanecer en un trabajo con un jefe difícil o buscar nuevas oportunidades. La duda surge a veces por conflictos con colegas o superiores, y otras por la sensación de estancamiento o inquietud profesional. Como ocurre con muchas preguntas importantes, la respuesta es: depende. Depende de cuáles sean tus metas profesionales, de aprendizaje y de experiencia; de tu apetito por la comodidad frente a la aventura; de cómo valores la remuneración y la experiencia; y de lo incómodo que sea tu estado actual. No hay ninguna promesa de que la situación en la que te encuentras vaya a mejorar, y no hay ninguna garantía de que un nuevo trabajo implique un jefe mejor. Muchos de nosotros nos hemos quedado con directores malos o incluso muy malos más tiempo del que deberíamos, y hemos dejado a otros superiores difíciles con los que podríamos habernos quedado más tiempo y de los que habríamos aprendido.

Así como nuestro jefe tiene la capacidad de despedirnos, nosotros también podemos «echar» a nuestro jefe yéndonos de la empresa. Algunas preguntas útiles del tipo «¿me quedo o me voy?» para ayudarte a evaluar si es el momento de empezar a buscar otro puesto y otro jefe incluyen las siguientes:

- ¿Qué he aprendido de esta persona y en este puesto hasta ahora?
- ¿Todavía tengo la oportunidad de seguir formándome y creciendo en este puesto mientras trabajo para este jefe? Si es así, ¿qué es lo que quiero aprender y cómo podría obtener ese conocimiento y progreso?
- ¿Hasta qué punto las habilidades que seguiré aprendiendo son transferibles a otros trabajos o carreras que pueda desear en el futuro?
- ¿Mis razones para dejar a este jefe tienen que ver con faltas éticas por su parte o de la organización?
- ¿Trabajar para esta persona está afectando negativamente a mi salud mental?
- ¿Hay personas en puestos más altos de la organización a las que admire o a las que aspire a parecerme?

Incluso cuando todo indica que lo mejor sería marcharse, a veces abandonar a un mal jefe no resulta viable a corto plazo. En estos casos, hay que concentrarse en lo que puedes aprender durante ese periodo: asumir nuevos proyectos o desafíos, expandir tu red de contactos o practicar cómo manejar relaciones complejas y exigentes. Sin embargo, trabajar bajo un mal jefe tiene un coste emocional y, en ocasiones, físico. Y cuanto más se prolongue esta situación, mayor será el impacto acumulado.

Al dejar a un mal jefe o una situación laboral complicada, por difícil que parezca, busca siempre una despedida elegante. Renunciar enfadado —ya sea montando una escena al irte o dejando un desorden para tu director, el equipo y tu sustituto— puede parecer satisfactorio en el momento, o incluso justificado por el trato recibido, pero rara vez beneficia tu reputación a largo plazo. Una salida elegante implica crear un plan de transición que facilite la llegada de quien te reemplace, para explicarle procesos clave e indicarle dónde encontrar información importante, así como para agradecer a tu jefe por lo aprendido, cerrar en lo posible los asuntos pendientes, explicarle de manera constructiva tu decisión de irte y ofrecerle apoyo durante las primeras semanas tras tu partida.

PARTE TRES

Entender y gestionar
el contexto organizativo

7

Descifrar la cultura organizativa

Rob Duboff, cofundador de la firma de investigación y consultoría HawkPartners, con sede en Boston, me habló de un trabajo anterior que tuvo como director de *marketing* de una firma internacional de contabilidad y consultoría:

—Había sido consultor la mayor parte de mi vida, así que conocía bien el sector, el proceso y el ciclo de ventas. Pero me había pasado al otro bando y, en lugar de vender y gestionar el trabajo, mi función ahora era decidir cómo gastar nuestro presupuesto de *marketing* de 95 millones de dólares. También pasé de una empresa mediana a una muy grande e internacional, y ahora tenía 350 personas a mi cargo.

Y la cultura era bastante diferente:

—Como la empresa tenía sus raíces en la contabilidad, era más conservadora, jerárquica y política que cualquier otro lugar en el que hubiera trabajado.

La compañía era casi todo lo contrario a Rob:

—Soy extrovertido, y la gente de allí, incluso la de la oficina de al lado, prefería enviar un correo electrónico antes que entrar en mi despacho para hablar de lo que tuvieran en mente. Y aunque me gustan los datos y el análisis, también uso mi instinto para tomar decisiones, mientras que la empresa no era así. Hablar de sentimientos o de lo que te decía el instinto en la toma de decisiones era un anatema allí. Y la verdad es que no capté algunas de esas señales hasta mucho más tarde.

Un año después, el director general que contrató a Rob se jubiló, y cuando el nuevo directivo asumió ese cargo, una de sus primeras medidas fue vender una división. Como resultado, el presupuesto de *marketing* de Rob se redujo significativamente, y el nuevo director general le dijo que tendría que echar a un tercio de sus empleados. Este tipo de maniobra, un despido a gran escala, iba en contra de los valores de Rob, por lo que empezó a buscar formas de ahorrar costes para evitar este paso. Pero no era lo que su jefe le había pedido:

—Le dije que no creo en recurrir a los despidos como primera opción. Pero el nuevo director general me contestó: «Pues yo sí creo».

Fue entonces cuando Rob se dio cuenta de que no solo su estilo chocaba con el de otros en la empresa, sino, y más importante, que tampoco encajaba con sus valores. En ese momento, decidió probar otra táctica para evitar los despidos masivos: le dijo al director general que él y otros dos de los empleados mejor pagados dimitirían. Como me contó Rob:

—Pensé que era una solución mucho mejor al problema.

La cantidad de dinero que la empresa ahorró al no tener estos tres salarios significó que el expediente de regulación de empleo fue finalmente mucho menor de lo previsto, y uno de los tres que dimitieron pasó a un trabajo corporativo más satisfactorio, mientras que Rob y sus otros colegas fundaron juntos una empresa muy exitosa hoy en día, basada en sus propios valores.

Cuando trabajamos en una organización, la cultura nos rodea por todas partes. Es una fuerza poderosa, por lo que resulta imprescindible entender qué es y cómo funciona. Puede que queramos cambiar la forma de hacer las cosas, lo que discutiremos más adelante en este capítulo, pero ser parte de cualquier cultura organizacional también puede cambiarnos a nosotros. Autoconocernos a través de los ejercicios de los capítulos 1 a 3 también nos ayudará a comprender qué tipo de cultura puede ser una buena opción para nosotros. Y, aunque muchas empresas también tienen subculturas, este capítulo se centrará en la cultura organizativa —o corporativa— en general.

¿Qué es la cultura organizativa y cómo podemos entenderla?

Un artículo de 2018 de la *Harvard Business Review* resumió el trabajo de destacados investigadores de la cultura organizativa y destiló la idea de cultura para centrarse en las normas que revelan y moldean los comportamientos y el pensamiento de quienes están dentro de la organización:

> La cultura es el orden social tácito de una organización: moldea las actitudes y los comportamientos de formas amplias y duraderas. Las normas culturales definen lo que se fomenta, se desalienta, se acepta o se rechaza dentro de un grupo.[1]

A un nivel general, a menudo hablamos de la cultura como «nuestra manera de hacer las cosas» o «la forma en que funciona todo» en nuestra organización, una fórmula que es única para cada empresa. La cultura tiene que ver con normas y comportamientos, con qué tipo de presentación —incluyendo comportamientos, vestimenta, decoración y nivel de individualidad— se espera y se valora. Por ejemplo, en algunas empresas los estallidos de ira y la actitud agresiva son la norma, pero en otras ese tipo de comportamiento te costaría el puesto. En algunas organizaciones todo el mundo mira al líder para conocer su opinión antes de actuar, y en otras la gente actúa con autonomía. En algunas empresas, la mayoría de los líderes provienen de entornos similares, o son de la misma raza o sexo, o se educaron en un puñado de escuelas determinadas, y en otras el liderazgo es más diverso. En algunas organizaciones la gente se va del trabajo a las cinco o a las seis y no revisa el correo electrónico por la noche, y en otras los empleados trabajan a todas horas.

Durante mis días de consultoría, conocí una organización del sector de las bebidas en la que si querías que te consideraran para un puesto de liderazgo, tenías que proceder de una pequeña lista de las mejores escuelas. Otra compañía, de servicios financieros, era muy específica con los códigos de vestimenta, llegando al nivel de recomendar a las mujeres que llevaran joyas de oro, no de plata, porque encajaba mejor con la imagen de la empresa. Esta misma firma tenía muy poca diversidad racial o de género en los puestos de liderazgo, y la totalidad del equipo directivo había ascendido a través de la función de ventas. Otro cliente tenía una política de escritorio limpio y desaconsejaba que la gente pusiera a la vista objetos personales, como fotos o recuerdos. Esto es bastante diferente de otra empresa del mismo sector que dejaba que cada persona diseñara su propio espacio, permitiendo que las oficinas y los puestos de trabajo reflejaran la personalidad de cada empleado y lo que era importante para ellos. Como puedes imaginar, las oficinas de estas dos compañías tenían un aspecto muy diferente y transmitían vibraciones muy distintas.

Aunque la cultura no lo explica todo sobre cómo una organización aborda los problemas o qué comportamientos se fomentan o desalientan, puede ayudarnos a interpretar lo que se espera y se recompensa allí. Y aunque no todo el mundo en la empresa será igual o pensará o se comportará exactamente de la misma manera, la cultura suele explicar la forma general en que la organización aborda los problemas.

Edgar Schein, del MIT, fue uno de los primeros en estudiar la cultura organizativa y, según él, esta se puede entender en tres capas distintas.[2] El modelo se suele dibujar en forma de pirámide, con lo que es visible en la parte superior y lo que es invisible, y más difícil de entender, en la inferior. En la cima de la pirámide se encuentran los «artefactos de la cultura», es decir, cosas que se pueden ver, oír y sentir. Por ejemplo, el diseño de las instalaciones y los espacios de trabajo (modernos o tradicionales, lujosos o funcionales), cómo se viste la gente (formal o informalmente, de forma similar o con un estilo más individual) y las normas de comportamiento (si se deben usar títulos al dirigirse a otros, como «doctor», o llamar a las personas por su nombre de pila o incluso apodos; si se admite el uso de palabrotas; si la gente puede hablar con los colegas sobre su vida fuera del trabajo o mantener las conversaciones centradas en los asuntos de la organización). Aunque es fácil ver o sentir estos artefactos, a veces es difícil entender su significado. Por ejemplo, una empresa que tiene obras de arte caras en las paredes puede hacerlo porque está orgullosa de su éxito y muestra lo que su progreso le ha permitido comprar, o puede significar que la compañía cree que el arte de calidad relaja a la gente o la hace pensar de forma más creativa. O un edificio viejo y en mal estado puede indicar una falta de fondos para mejorar las instalaciones, o que la organización no prioriza la estética y la comodidad humana. Los artefactos necesitan interpretación, normalmente de alguien que ha estado en la empresa durante mucho tiempo.

Debajo del nivel de los artefactos se encuentra el de los «valores declarados»: esto es lo que la organización dice sobre su cultura, sus valores y su forma de abordar el trabajo. A menudo los detalles de este apartado se recogen en las declaraciones de misión y visión. También podemos entender los valores declarados a partir de cómo la gente explica los artefactos de la cultura; por ejemplo, cómo hablan de la forma en que la gente se viste o se comporta en la oficina, o cómo explican los rituales de la organización. Los valores declarados suelen surgir como respuesta a la pregunta que un nuevo empleado efectuaría sobre «¿Por qué lo hacemos de esta manera?». Más allá de lo que se recoja en la misión, los valores declarados a menudo se revelan en los boletines informativos de la organización y otros sistemas de comunicación. Con frecuencia, dichos valores son más una aspiración que una realidad; por ejemplo, cuando una organización publicita lo centrada que está en el cliente, pero se enfoca en los objetivos de ventas, o cuando una empresa habla del equilibrio entre el trabajo y la vida personal y el bienestar de los empleados, pero endiosa a la gente que trabaja una cantidad extraordinaria de horas (p. ej., para ganar un concurso «cueste lo que cueste»). Y luego está Enron, que tenía la integridad como uno de sus valores compartidos y cuyos ejecutivos perpetraron uno de los mayores fraudes contables de la historia.

En la base de la pirámide se encuentran lo que Schein llama los «supuestos tácitos compartidos», las creencias subyacentes y profundamente arraigadas de la gente de la empresa, que a menudo provienen de los fundadores o líderes de la organización durante acontecimientos cruciales en la vida de la compañía. Estas son las verdaderas explicaciones de por qué el personal hace lo que hace de cierta manera, así como de lo que la organización valora, celebra o castiga, y de lo que cree. Me refiero a creencias profundamente arraigadas sobre la naturaleza humana, lo que está bien y lo que está mal, cómo la gente trabaja en equipo y qué comportamientos llevarán al éxito (o al fracaso) en el lugar de trabajo. Todo esto impulsa el enfoque que adopta la organización ante los problemas, cómo sopesa las opciones y cómo evalúa las concesiones.[3]

Cuando los líderes de una empresa te dicen lo que creen, esos son valores declarados, y cuando toman una decisión, por ejemplo, sobre a quién ascender o si implementar una nueva política, eso revela los valores en acto de la organización, que son la expresión de sus supuestos tácitos compartidos. Un ejemplo clásico de valores declarados que difieren de los valores en acto es una organización que incluye elementos como la cooperación y la diversidad en sus declaraciones de misión y valores, pero que recompensa y asciende, y a menudo celebra, a personas que son agresivas, egocéntricas o que provienen de un entorno similar. Con la cultura, las acciones hablan más que las palabras, ya que revelan los supuestos tácitos compartidos. Es la vieja idea de «presta atención a lo que hacen, no a lo que dicen». Lo que los líderes de una organización llevan a cabo o toleran —sus valores en acto— es más indicativo de sus verdaderos valores, sus supuestos tácitos compartidos, que lo que dicen sobre sus principios. Como señala Donald Sull del MIT:

La prueba más clara de si una cultura corporativa respeta de verdad a los empleados es cómo los altos directivos tratan a los jefes que cumplen con los objetivos establecidos, pero abusan de su equipo.[4]

Los supuestos tácitos compartidos de una empresa, esas creencias profundamente arraigadas, definen a qué prestar atención, qué significan las cosas y qué acciones tomar en diversos tipos de situaciones. Estas creencias y valores se dan por sentados, están profundamente arraigados en cómo funciona la organización, y la gente se ha socializado en ellos al trabajar en determinada compañía. Y es por eso que puede ser difícil cambiar la cultura de una organización. No imposible, pero sí complicado.

Entender la cultura de una organización te dice qué se espera, qué se tolera y qué se recompensa en esa empresa y, por lo tanto, qué comportamientos y qué tipos de personas tienen éxito allí.

La cultura empieza con el fundador

Las personas tienen personalidades y las organizaciones tienen culturas; sobre todo en el caso de las empresas pequeñas y jóvenes, la cultura de una empresa refleja a su fundador. Si eres el creador de una compañía, los valores que demuestras y el comportamiento que fomentas (o toleras) se arraigarán en su cultura a medida que el negocio crezca. La cultura original de una organización empieza con el fundador, y el «cómo hacemos las cosas aquí» normalmente se puede vincular a la personalidad, las preferencias y el estilo de este. Como dice Schein:

> Está en la naturaleza del pensamiento emprendedor tener ideas firmes sobre qué hacer y cómo llevarlo a cabo. Los fundadores generalmente tienen sus propias teorías bien articuladas sobre cómo deberían funcionar los grupos, y la mayoría de las veces seleccionan como colegas y subordinados a personas que intuyen que pensarán como ellos.[5]

Así que, si el fundador era una persona extrovertida que disfrutaba de las fiestas, esa organización tenderá a tener una cultura más abierta y social. Si el creador era muy competitivo y tenía una actitud de «a todo o nada», la empresa fomentará ese ambiente entre los empleados y tendrá una cultura no colaborativa, e incluso despiadada. Para entender de verdad los orígenes de la cultura de una organización, es importante comprender al fundador o fundadora. ¿Cómo era? ¿Cuál era su historia? ¿Qué le impulsó a crear la empresa? ¿Qué valoraba? ¿Cuáles eran algunos de sus supuestos? ¿Y cómo su forma de pensar y trabajar marcó la pauta y el enfoque que se convirtieron en la cultura de la organización?

La cultura fluye de quienes fundaron la empresa y se fortalece a medida que luego contratan y ascienden a personas con valores y formas de pensar similares. Los empleados que se alinean con esta manera de entender y comportarse se sienten atraídos por esa organización y tienden a prosperar allí. Aquellos que no comparten esos valores a menudo se sienten repelidos por la cultura y no se unen a esa empresa o, si lo hacen, encontrarán que es un lugar estresante para trabajar y no prosperarán. Así es como la cultura se incrusta profundamente en la compañía y en la forma en que los empleados piensan y se comportan allí. En las organizaciones más pequeñas y jóvenes, donde el fundador todavía dirige el negocio o solo ha pasado una generación desde que lo hizo, realmente podemos sentir su impronta personal.

Carla, socia de una consultora internacional con sede en Chicago, me habló de uno de los encargos más memorables de su carrera:

—La empresa, una compañía de servicios informáticos, tenía lo que yo llamaría una cultura dedicada a «apagar incendios». Con esto quiero decir que valoraban a las personas que rendían bien en una crisis, aquellas que hacían lo que fuera necesario, incluyendo trabajar una enorme cantidad de horas extra e impulsar a otros a hacer lo mismo, para solucionar el problema de turno. Y no es que la empresa solo tuviera una emergencia de vez en cuando. No, esta empresa tenía crisis todo el tiempo.

Según Carla, la empresa parecía disfrutar teniendo problemas solo para poder apagar el fuego. El fundador había pasado los primeros años de su carrera trabajando en un gran banco con una fuerte jerarquía y procesos muy burocráticos, con una normativa engorrosa a la hora de tomar decisiones, deliberativa y lenta, que lo frustraba, lo confundía y hacía que la entidad perdiera importantes oportunidades porque todo era demasiado lento. Rebelándose contra ese tipo de cultura, este hombre dejó el banco y fundó una empresa de servicios informáticos.

—Este fundador tenía una predisposición a la acción, creía que la toma rápida de decisiones era importante y reprendía a la gente que «pensaba demasiado» o «tardaba mucho tiempo» en actuar —me contó Carla—. Valoraba las soluciones precoces y no se preocupaba mucho por las equivocaciones, pues creía que la mayoría de las decisiones que resultaban ser subóptimas podían revertirse para implementar una medida diferente. Lo importante para él era decidir sin demora.

Sin embargo, el fundador parecía considerar solo la velocidad de la decisión inicial, no el tiempo que conllevaba implementarla, darse cuenta de que no era una buena decisión, repensar el problema, proponer una nueva solución, deshacer el trabajo ya hecho e impulsar la nueva directiva. Esta forma de trabajar condujo a decisiones rápidas pero imperfectas, a diversas crisis porque las cosas no funcionaban como se esperaba y a una enorme cantidad de esfuerzo desperdiciado:

—Era desolador porque se estaban perdiendo empleados muy competentes, y si hubieran dedicado solo un poco más de tiempo a pensar en el problema y las posibles soluciones, habrían llegado a una mejor decisión a la primera. Lo peor es que a menudo se recompensaba y se consideraba un héroe a quien resolvía la crisis, incluso si él mismo la había creado al tomar una mala decisión. ¡Era una organización que valoraba a los bomberos y contrataba a pirómanos!

La principal recomendación del equipo de Carla a la empresa fue que bajaran el ritmo y reevaluaran su proceso de toma de decisiones para aliviar los problemas que estaban experimentando. Aunque el equipo directivo estuvo de acuerdo con las recomendaciones, finalmente no pudieron implementarlas. La toma rápida de decisiones y la predisposición a la acción eran una parte tan integral de su forma de pensar y abordar los problemas que, en última instancia, no lograron cambiar su modo de operar. La empresa no quebró, pero la rotación de empleados siguió siendo alta y el rendimiento general continuó siendo mediocre.

Consumidores de cultura y creadores de cultura

Al pensar en la cultura organizativa, sobre todo en tu capacidad para influir en ella, hacerla evolucionar o cambiarla, es útil analizar el concepto de creadores y de consumidores de cultura. La gran mayoría de las personas que trabajan en una organización, sobre todo en las medianas y grandes, incluyendo a empleados en puestos directivos muy altos, son consumidores de cultura, lo que significa que se unen a una cultura organizativa existente y trabajan dentro de ella. Se espera que se adapten a esta y que aprendan muy rápidamente «cómo hacemos las cosas aquí». Para un consumidor de cultura es importante entender la cultura de la organización en la que se integra: esta determina nuestro entorno de trabajo, así como qué tipos de habilidades y comportamientos se esperan y se recompensan, frente a los que se desalientan o se castigan. Por eso, algunas culturas nos resultan más cómodas que otras. Cuando te unes a una organización, la cultura se socializa: las reglas y expectativas culturales rara vez están escritas y discutidas, pero aun así hay un orden social y formas de pensar que la gente empieza a entender a medida que trabaja allí. La cultura ejerce una influencia crucial en el liderazgo, pues determina tanto los comportamientos de las personas como el perfil de quienes triunfan en la organización. Esto incluye también a aquellos profesionales que se incorporan en niveles sénior, aunque no formen parte del equipo directivo superior (o *C-suite*, en inglés).

Las personas en la cima de una organización —en particular el director ejecutivo (CEO)— son creadores de cultura y, como controlan recursos clave y toman decisiones sobre políticas y procedimientos, son quienes tienen el poder de moldearla. Los creadores de cultura tienen acceso y poder sobre muchas de las palancas disponibles para gestionar la cultura, incluyendo la estructura organizativa, la estrategia, el tipo de personas que se contratan, cómo se realiza el trabajo, qué beneficios se ofrecen, qué tipo de oportunidades de aprendizaje y desarrollo están disponibles, los criterios para las recompensas y los ascensos, si la empresa permite comportamientos poco éticos o abusivos, y cómo responde la organización a las crisis o recesiones.[6] Aunque los consumidores de cultura pueden influir en cómo trabajan sus equipos individuales, el verdadero poder para cambiar la cultura de una organización reside en el líder de más alto rango de la empresa. No es que los consumidores de cultura no estén capacitados para cambiar la cultura de una organización porque sean perezosos o incompetentes; no pueden cambiarla porque no se hallan en una posición de poder y no controlan las palancas que lograrían crear el cambio cultural. En última instancia, el director ejecutivo es también el director de cultura.

Como empleado de una organización, incluso como un líder sénior, es más frecuente que seas un consumidor de cultura que un creador. En la anécdota inicial, incluso Rob, que reportaba directamente al director ejecutivo, lo era. Más allá de los niveles directivos, la mayoría de nosotros somos, en esencia, consumidores de cultura.

¿Podemos cambiar una cultura?

Si formas parte de la alta dirección (*C-suite*), estás en posición de cambiar la cultura organizativa, aunque no es un proceso fácil ni rápido. Como escribió Nicolás Maquiavelo, historiador, político y filósofo del Renacimiento italiano, en su libro *El príncipe*: «No hay nada más difícil de emprender, más peligroso de conducir ni más incierto en su éxito que tomar la iniciativa en la introducción de un nuevo orden de cosas». Aunque escribió esto hace varios cientos de años, sigue siendo cierto.

Sin embargo, para hacer frente a los cambios de mercado actuales o futuros o para reavivar una organización en declive, un equipo de liderazgo a veces necesita hacer evolucionar la cultura. Cuando la tecnología avanza, se hacen nuevos descubrimientos, las necesidades de las partes interesadas evolucionan, los mercados cambian o las regulaciones se modifican, las estrategias que hicieron exitosa a una empresa también necesitan sustituirse para adaptarse a estas nuevas circunstancias. Esto a menudo implica cambiar la forma en que la organización piensa y se comporta: en resumen, su cultura.

Cuando los líderes quieren cambiarla, suelen centrarse en modificar algunos de los artefactos (cosas que se pueden ver o sentir) o los valores declarados (cómo la gente explica los valores de la organización y la razón por la que hacen las cosas de esa manera). Por ejemplo, si el líder desea que la empresa se vuelva más innovadora, podría cambiar su forma de hablar, enfatizando la creatividad y la presentación de nuevas ideas. O modificaría los principios de su misión para reflejar su nuevo enfoque. También podría cambiar la configuración de sus oficinas para animar al personal a tener los encuentros casuales que a menudo despiertan la creatividad y la innovación. O podría contratar a profesionales con diferentes trayectorias y habilidades para alcanzar este objetivo. Si vieras estos artefactos u oyeras estos valores declarados, pensarías: «¡Vaya, esta cultura ha cambiado de verdad!». ¿Pero es así? Sustituir los artefactos y los valores declarados hace que parezca que la cultura es otra, pero a menos que la organización aborde las formas en que la gente piensa y se comporta, llegando al nivel de los supuestos tácitos compartidos, puede que solo haya hecho modificaciones cosméticas sin cambiar fundamentalmente nada. Como los supuestos tácitos compartidos se dan por sentados y están profundamente arraigados en cómo la organización piensa y funciona, pueden ser difíciles incluso de entender, y más aún de alterar. Y es por eso que la cultura organizativa resulta difícil de cambiar. Por ejemplo, si hay creencias profundamente arraigadas de que el riesgo da miedo, que los errores tienen que ser castigados o que ciertas conversaciones no deberían ocurrir, entonces crear una cultura de innovación resulta complicado, y los valores declarados de innovación no coincidirán con los comportamientos reales. Es en casos como este cuando vemos que los valores declarados —lo que la organización dice tener en cuenta— no coinciden con los valores en acto —los comportamientos reales—, que reflejan lo que la empresa aprecia en realidad, y sus supuestos tácitos compartidos. En situaciones así, los empleados prestan más atención a lo que la gente hace y a las acciones y comportamientos que se recompensan (o se castigan) que a lo que la organización y sus líderes dicen sobre los principios de la organización. Por eso el cambio cultural resulta muy difícil: es arduo modificar la forma en que los trabajadores de una organización piensan y se comportan.

Aunque la cultura organizativa es notoriamente difícil de cambiar, hay ejemplos de casos exitosos. Uno de ellos proviene de Microsoft. Fundada en 1975 por Bill Gates y Paul Allen, es solo en el primero en quien pensamos cuando recordamos los primeros años de la compañía, y es que, ciertamente, Gates tuvo un gran impacto en la cultura de la empresa. Cerebral, visionario, ferozmente competitivo, impulsivo y combativo, también era conocido por su intensa y absorbente ética de trabajo. Dentro de la empresa, Gates era a la vez venerado y temido. Michael Gartenberg, un analista de Gartner Group, resumió aquella cultura de esta manera:

La cultura corporativa de Microsoft se puede desglosar en cuatro partes clave: una gran ética de trabajo; Bill Gates siempre tiene razón; el mantra de «nosotros contra ellos»; y Bill Gates siempre tiene razón.[7]

El 13 de enero de 2000, Gates dejó el puesto de director ejecutivo (CEO), y Steve Ballmer, uno de los primeros empleados de Microsoft, tomó el relevo. Un artículo de 2012 describió la cultura de Microsoft bajo el mandato de Ballmer:

> Lo que empezó como una máquina de competir ágil, liderada por jóvenes visionarios de un talento sin parangón, había mutado en algo hinchado y cargado de burocracia, con una cultura interna que recompensaba involuntariamente a los directores que estrangulaban las ideas innovadoras que pudieran amenazar el orden establecido... la vida detrás de los gruesos muros corporativos se había vuelto rígida y brutal. Los feudos habían echado raíces, y el dominio de la política interna surgió como clave para el éxito profesional... Se recompensaba a los empleados no solo por hacerlo bien, sino por asegurarse de que sus colegas fracasaran. Como resultado, la empresa se consumió en una serie interminable de luchas internas a cuchillo. Negocios con potencial para revolucionar el mercado —como los libros electrónicos y la tecnología de los teléfonos inteligentes— fueron aniquilados, desviados o retrasados en medio de disputas y juegos de poder.[8]

Ballmer intentó cambiar la cultura. Para ello anunció una reorganización que realinearía la empresa y le permitiría innovar con mayor velocidad, eficiencia y capacidad en un mercado tecnológico en rápida evolución. Quería hacer de Microsoft una organización «ágil, comunicativa, colaborativa, decidida y motivada».[9] Sin embargo, Ballmer no tuvo éxito a la hora de alterar la cultura y cambiar los supuestos tácitos compartidos, por lo que dimitió el 23 de agosto de 2013.

Satya Nadella asumió el cargo de director ejecutivo de Microsoft en febrero de 2014. Conocido por ser cálido, empático, curioso, humilde y un hábil comunicador, era visto como el polo opuesto de Gates y Ballmer. De inmediato, reconoció que transformar una cultura tan fragmentada —que no solo dificultaba el ambiente laboral en Microsoft, sino que también paralizaba su capacidad de innovación— representaba un desafío monumental.[10]

¿Qué hizo? Muchas cosas. Y estas son algunas de las más impactantes: en su primer día como director ejecutivo, Nadella envió una carta a todos los empleados de Microsoft. Comenzaba con estas palabras: «Hoy es un día que me llena de humildad», y continuaba comentando cómo todo aquello le recordaba a su primer día en Microsoft, veintidós años antes. La carta contaba, además, un poco sobre él mismo y declaraba, con valentía, que estaba en Microsoft por la misma razón que los demás: «Cambiar el mundo a través de la tecnología que empodera a la gente para hacer cosas asombrosas». Señalaba además que Microsoft afrontaba un momento decisivo, donde era crucial priorizar la innovación e impulsar una transformación cultural. Esto implicaba reconectar con el propósito esencial de su labor: crear tecnología que genuinamente mejorara la vida de las personas.[11] Su objetivo era conectar a los empleados con el propósito de la organización para aprovechar su motivación intrínseca.

Nadella también se embarcó en una «gira de escucha», reuniéndose con muchos de los 39.000 empleados de Microsoft en todo el mundo, así como con socios clave, antes de hacer ningún cambio en la estrategia de la empresa. Abrió líneas de comunicación e hizo que Microsoft trabajara con algunos de sus rivales más feroces de toda la vida, como Oracle y Apple, una medida que sorprendió a muchos empleados veteranos. Pidió a su equipo directivo que leyera *Vivir la comunicación no violenta*, de Marshall Rosenberg, y los enfocó en tratar a la gente con respeto. También creó un equipo de diecisiete líderes para definir lo que una nueva cultura significaría para Microsoft. Más tarde, reemplazó a las personas del equipo directivo que no lograron adaptarse a la nueva cultura, una medida que fue tanto estratégica para cambiar la cultura como simbólica para toda la organización. Y, por supuesto, hizo muchas otras cosas, incluyendo el envío de multitud de comunicados, el cambio de procesos y el modelado del propio cambio. La cultura de Microsoft empezó a modificarse, y a medida que lo hacía, la organización experimentó un mayor compromiso de los empleados, una menor rotación, mayores niveles de innovación y un fuerte rendimiento financiero como resultado. Nadella hizo algo muy difícil: cambió la cultura y desató el talento para que se centrara en la innovación y en la resolución de los problemas de los clientes, en lugar de en competir internamente. Wall Street también se dio cuenta, haciendo que el precio de las acciones de Microsoft se disparara.

La cultura que Nadella heredó estaba fuertemente inspirada en la figura de Gates: enérgica, ferozmente competitiva, argumentativa, directa y que valoraba ganar por encima de todo. El estilo de liderazgo de Gates nació de sus experiencias vitales, al igual que el de Nadella surgió de las suyas. Y ambos hombres crearon culturas que reflejaban estas experiencias y sus valores. Como director ejecutivo, Nadella asumió el rol principal en la transformación cultural de Microsoft, impulsando la evolución de la empresa mediante cuatro palancas clave: definir claramente la intención y los resultados esperados del cambio cultural; seleccionar y desarrollar líderes alineados con las nuevas formas de trabajar; utilizar el diálogo organizativo para modificar normas y creencias compartidas; y consolidar la transformación mediante el rediseño de estructuras y sistemas.[12] Como bien podrían afirmar Nadella y otros líderes que han transformado con éxito una cultura organizativa, emprender un intento de cambio cultural no es una tarea para los débiles de corazón.

Cómo evaluar la cultura de una organización

Dado que la cultura organizativa es relativamente estable y lenta para cambiar, sobre todo en las compañías más antiguas y grandes, es importante entender la cultura de una empresa en la que trabajas o a la que estás considerando unirte para discernir si es un lugar en el que probablemente prosperarás. Aquí tienes cuatro categorías para ayudarte a empezar a entender una cultura de la que ya formas parte o a la que podrías considerar unirte:

¿Qué artefactos encuentras?

¿Qué observas? Esto incluye la decoración de la oficina, el aspecto limpio o desordenado de los despachos y escritorios, si el ambiente es silencioso o ruidoso, si hay despachos privados o una planta abierta, y cuáles parecen ser los «símbolos» de éxito (p. ej., plazas de aparcamiento para directivos, coches de lujo, comedor para ejecutivos, tamaño o ubicación del despacho). Incluye también el ambiente general. ¿El entorno parece enérgico, cerebral, social, eficiente, cordial o tenso? ¿Las personas en puestos de poder son similares entre sí (p. ej., en género, raza, formación académica, estilo) o diferentes? ¿La gente viste de manera formal o informal, o algunos grupos, o personas de diferentes niveles en la jerarquía, visten más formalmente que otros? Piensa en lo que cada una de estas observaciones puede significar y en cómo reaccionas a un entorno que exhibe estas cualidades. ¿Qué tipo de empleados tienen éxito aquí? Lo que observas habla de lo que la organización valora, si se espera que todos sean igualitarios o jerárquicos, cómo definen el éxito, cómo recompensan a los trabajadores, etcétera. Las salas de siesta, las duchas, las cocinas totalmente equipadas, las mesas de juego, los servicios de tintorería, los productos menstruales en el baño y una cafetería dentro de la empresa indican una organización que se preocupa por la comodidad y el bienestar de sus empleados o una compañía que espera que estos trabajen muchas horas y proporciona estas comodidades para facilitarles que lo hagan sin salir de la oficina. Si esta es una empresa a la que estás considerando unirte, presta atención a lo que observas, sobre todo a lo que te sorprende, ya que eso que te llama la atención puede merecer una investigación más a fondo.

¿Cómo se comporta la gente entre sí?

¿Qué puedes ver en cuanto a cómo interactúa la plantilla entre sí? Esto incluye cómo se trata a los visitantes y a los nuevos empleados, si se preocupan por su comodidad (p. ej., ofreciéndoles café o agua, preguntando si quieren que les guarden el abrigo) o no. ¿La gente es formal o informal entre sí? ¿Algunas personas son más respetuosas que otras? ¿Los empleados se muestran muy animados al hablar con los demás o más apagados? ¿La gente grita, dice palabrotas o se comporta de forma agresiva o condescendiente con los otros? En las reuniones, ¿una o dos personas dominan las discusiones o todo el mundo aporta ideas y comentarios? ¿Oyes risas? ¿Qué podrían decir estos comportamientos sobre la cultura y qué tipos de personas se sienten atraídas por la organización, y qué perfil de personas prospera allí?

¿Cómo describen los trabajadores la cultura?

¿Cómo interpretáis tú, la gente con la que trabajas o con la que te entrevistas los artefactos (p. ej., planta abierta, escritorios limpios, aperitivos gratis, duchas)? ¿Qué palabras usarían los empleados para describir la cultura y lo que tiene éxito en ella (y lo que no)? Por ejemplo, a veces tener una ducha en la oficina significa que la organización valora a las personas que se cuidan y hacen ejercicio, por lo que proporcionan este servicio para facilitar que hagan deporte. Otras organizaciones proporcionan duchas porque la gente trabaja muchas horas o toma vuelos nocturnos, y la empresa prefiere que vengan directamente a la oficina a refrescarse en lugar de ir a casa. Lo mismo ocurre con las cocinas totalmente equipadas y los lugares para dormir durante el día (p. ej., salas de siesta).

Profundiza en algunas de las palabras que se usan para describir la cultura. Por ejemplo, si tú y otros describís la organización como una familia, ¿qué significa esto? Describir una cultura de esta manera podría significar muchas cosas, como que es jerárquica, que la toma de decisiones se hace en la cima y se espera que todos cumplan, que los «hermanos» pelean y los «padres» (la dirección) median en las disputas, que la organización es paternalista o cualquier otra dinámica familiar similar. Describir una organización como de «trabajar duro y divertirse a lo grande» (*work hard, play hard*) también tiene muchas interpretaciones. Por ejemplo, podría significar que la expectativa es que la gente trabaje con ahínco y luego libere la tensión a través de una cultura de fiesta intensa, o que la parte de «divertirse a lo grande» se haga en grupo. También podría significar que la organización realmente se refiere a «trabajar duro» y asume que la diversión corre por tu cuenta. ¿Cuál es el significado detrás de las palabras que se usan para describir la cultura y los valores organizativos?

¿Quiénes son sus héroes?

Un aspecto revelador de toda cultura es a quién celebra y las historias que los empleados cuentan sobre tales héroes. Estas personas son, a veces, hasta veneradas, porque encarnan los valores profundos, los supuestos tácitos compartidos, de la organización. Se puede hablar de los héroes porque «salvaron» a la empresa o a un cliente o proyecto y, por lo tanto, encarnan los valores de la organización. En el ejemplo de Carla, se elogiaba a la gente que podía «apagar incendios». Otras compañías tienen diferentes tipos de héroes. Por ejemplo, el MIT celebra a los pensadores independientes y a aquellos que tuvieron la perseverancia y el coraje de sus convicciones para cambiar el mundo o ampliar los límites del pensamiento actual. Y en Microsoft, los héroes han pasado de ser guerreros políticos agresivos que trabajaban sin descanso y competían por demostrar lo listos que eran, a ser innovadores más respetuosos y colaborativos que se centran tanto en el rendimiento como en el aprendizaje. ¿Quiénes son los héroes en tu organización o en la que estás considerando unirte? ¿Qué reflejan sobre su cultura organizativa?

* * *

Si actualmente diriges una empresa, puedes usar las cuatro categorías anteriores para obtener una visión de tu cultura corporativa. Y si ya formas parte de una organización, utiliza estas categorías para entender y evaluar la cultura de tu empresa y, a partir de allí, determinar si realmente encajas.

Algunas preguntas para determinar si encajas

Si estás considerando unirte a una organización, aquí tienes algunas preguntas que hacerle a tu entrevistador para entender mejor la cultura de la organización:

- ¿Qué palabras usarías para describir la cultura?
- ¿Con qué metáforas la describirías?
- Cuando te uniste a la organización, ¿qué te sorprendió?
- ¿Qué historias sobre personas o acontecimientos conoce todo el mundo aquí y cuenta a los demás?

- ¿Puedes hablarme de los «héroes» de la organización, o de a quién se admira, se recompensa y se asciende? ¿Qué es lo que hacen, o hicieron, que los convierte en ídolos de la organización?
- ¿Cuál es tu tradición favorita en el lugar de trabajo?
- ¿Puedes hablarme del fundador y de cómo sus valores y formas de trabajar siguen siendo evidentes en la cultura actual?
- ¿Qué es lo que más te gusta de la cultura organizativa?
- ¿Qué te gustaría cambiar de ella?
- ¿Qué hay en mí que te hace pensar que encajaría bien aquí?

No hay respuestas buenas o malas a las preguntas anteriores. Sin embargo, algunas pueden encajar contigo y otras repelerte, y eso es bueno. Habiendo hecho el trabajo de autoconocimiento del capítulo 3, estarás preparado para usar estas respuestas y entender mejor si la organización es una buena opción para ti.

¿Me quedo o me voy?

Así como una de las preguntas más comunes que recibo de los estudiantes y participantes es si deberían dejar a su jefe actual, otra muy popular es si tendrían que huir de una determinada cultura organizativa. De nuevo, la respuesta es «depende», y las reflexiones que podrías hacerte son similares a las que vimos previamente:

- ¿Qué elementos de la cultura (p. ej., artefactos, valores declarados y supuestos tácitos compartidos) me atraen?
- ¿Hasta qué punto se alinean mis valores con los valores en acto de la organización?
- ¿Qué se necesita para tener éxito en esta empresa? ¿Es algo que encaja con mis valores y mi definición de éxito?

- ¿Hay personas dentro de la compañía a las que admire y a las que me gustaría parecerme más?
- ¿Trabajar en esta organización está afectando negativamente a mi salud mental?
- ¿Qué he aprendido sobre mí mismo de esta empresa y su cultura que podría ayudarme a encontrar un mejor encaje la próxima vez?

Si te encuentras en una cultura que no se adapta bien a ti, tal vez sea el momento de buscar activamente un nuevo trabajo en una organización cuya cultura conecte mejor contigo.

Sacar lo mejor de una mala situación

Incluso cuando ya sabemos que queremos dejar una organización, hay ocasiones en las que irse no es una solución viable a corto plazo. En estas situaciones, debes centrarte en lo que aprenderás mientras permanezcas allí, lo que, quizás, incluya asumir nuevos proyectos o desafíos, ampliar tu red de contactos dentro de la empresa o practicar cómo lidiar con gente exigente o momentos difíciles. Sin embargo, permanecer en una cultura en la que no encajas bien conlleva un coste emocional y a veces físico que te obligará a armarte de valor cada día solo para superarlo.

Además, la cultura de una organización puede cambiarte. Los seres humanos nos adaptamos a nuestras circunstancias, por lo que en ese proceso para encajar es probable que modifiques tu forma de trabajar, de pensar, de comportarte y de liderar. Si te unes a una organización malintencionada, para que te vaya bien allí puede que necesites volverte más agresivo. Si trabajas para una empresa que recompensa el talento y los resultados más que el aprendizaje, prepárate para aprender a fingir que sabes cosas que no sabes, a ocultar los errores por miedo al castigo y a moverte en una cultura competitiva y a menudo politizada. Si te contratan en un negocio que tiene una cultura de aprendizaje y apoyo, probablemente mejorarás tus habilidades, te desarrollarás profesionalmente, y te animarán a ayudar a otros a crecer.

Diferentes organizaciones tienen diferentes culturas, y algunas de estas se adaptan mejor a nuestros valores y ambiciones que otras. Como consumidores de cultura —que es lo que somos la mayoría de quienes trabajamos en organizaciones—, nos integramos en sus dinámicas mediante la socialización. Comprender cómo una empresa aborda los desafíos, qué conductas premia o sanciona y qué tipo de personas prosperan en ese entorno nos permite elegir con mayor sabiduría dónde queremos trabajar. Como la cultura de una organización determina qué ideas se escuchan, las ideas de quién se consideran, cómo se distribuyen las recompensas y, en última instancia, quién tiene éxito, la mayoría de las culturas tienen aspectos que son deseables y otros que lo son menos. La cuestión es si crees que puedes sobrevivir y prosperar en ese entorno. Así como dos plantas diferentes necesitan distintas cantidades de sol o agua y tipos de suelo o temperatura concretos para prosperar, cada persona prosperará en una determinada cultura. Entender la cultura de una organización puede ayudarnos a plantarnos donde vayamos a crecer.

8

Desentrañar los retos del liderazgo

Shailesh Shukla llevaba aproximadamente un año en su cargo de vicepresidente de estrategia y desarrollo de negocio en una *startup* de tamaño medio de Silicon Valley y abordaba una compleja decisión: ¿qué debía presentar ante el consejo de administración? Con una larga trayectoria en consultoría estratégica, estaba habituado a analizar y recomendar cursos de acción para otras empresas. Pero ahora el análisis era para la suya propia, y la dirección que señalaban los datos lo llenaba de incertidumbre. Según Shailesh:

—El 30 % de la inversión en I+D de la empresa se concentraba en su cartera de productos original. Sin embargo, mi análisis indicaba que el mercado para esta categoría se contraería, y que productos como los nuestros terminarían siendo absorbidos como funcionalidades dentro de otras plataformas.

En otras palabras, aquellos productos no iban a crecer y su mercado acabaría por desaparecer.

—La gente me decía que simplemente presentara los hechos, pero que no diera mi recomendación. Pero cuanto más miraba los datos, más me convencía de que no podía hacer eso.

Los fundadores e ingenieros de la empresa creían profundamente en el producto y en su potencial futuro, pero no era eso lo que Shailesh veía:

—Varias personas me dijeron que no debería levantarme y decir que debíamos eliminar el producto, porque hacerlo podría costarme el puesto.

Pero eso fue lo que hizo.

—Presenté todos los datos y luego le dije al consejo que creía que el trabajo en esta área debía detenerse, que teníamos que vender esa parte del negocio y redirigir el gasto en I+D y el tiempo de ingeniería a trabajar en otros productos prometedores.

Los fundadores, que también estaban en la reunión, se sorprendieron de que Shailesh siguiera adelante con su recomendación y respondieron diciéndole que era nuevo en la empresa, nuevo en el negocio y que no lo entendía de verdad porque nunca antes había construido una empresa.

—Al salir de la reunión —me contó Shailesh—, no estaba seguro de si al día siguiente tendría trabajo.

Sin embargo, sin que él lo supiera, uno de los miembros del consejo había estado llegando a una conclusión similar, pero aún no lo había dicho públicamente:

—Acabamos vendiendo esa unidad, y conservé mi trabajo durante muchos años más, y para muchas otras decisiones difíciles. Esa experiencia fue una gran lección para mí sobre no ignorar lo que creo que es correcto y tener el coraje de defender mis convicciones.

* * *

Mostrar valor para exponer nuestros convencimientos, a veces yendo en contra de la sabiduría tradicional o incluso del consejo de gente bienintencionada, y tomar decisiones con las que no todo el mundo está de acuerdo; estas situaciones resumen algunos de los desafíos inherentes al liderazgo. Rara vez hay una única solución correcta para casi cualquier incógnita en este ámbito. La respuesta más sincera a la mayoría de las preguntas sobre liderazgo es, otra vez, «depende». Esto se debe a que las buenas respuestas, y las buenas soluciones, dependen del contexto de la situación, y este está en continuo cambio. Los mercados evolucionan, surgen nuevas tecnologías y los hábitos de los consumidores se modifican. Cuando analizamos situaciones o decisiones que involucran a personas, que es de lo que hablamos en el liderazgo, el «depende» es especialmente decisivo.

En lugar de preguntar «¿Cuál es la respuesta correcta?» o «¿Qué debería hacer?», a menudo nos es más útil preguntarnos «¿Cuáles son mis opciones y cuáles son las consecuencias de cada una?». Podemos entonces analizar estas alternativas, considerando el contexto único de la situación, las metas y prioridades de la organización, las personas involucradas y nuestros propios valores para desglosar el desafío y encontrar una solución con la que nos sintamos cómodos.

La responsabilidad de liderar

El liderazgo implica aprovechar el conocimiento y la energía colectivos de las personas en nuestros equipos y en nuestras organizaciones para resolver toda clase de problemas. Es un trabajo pesado que conlleva un número vertiginoso de decisiones sobre asuntos grandes y pequeños. Nuestro trabajo como líderes es mejorar los resultados, lo que suele ser una combinación de rendimiento financiero, satisfacción de las partes interesadas y el prospecto de un mejor futuro. Y, por supuesto, al hacerlo, es necesario hacer concesiones. Muchas, muchísimas concesiones. No solo debemos considerar la meta que perseguimos, sino también las cesiones que estamos haciendo en el proceso. A menudo, el cómo llegamos a un resultado puede ser tan importante como alcanzar ese resultado, y es por eso que entender nuestros valores es importante en la toma de decisiones. Una hoja de cálculo nos inclinará hacia una determinada medida, pero lo que finalmente elijamos revelará nuestros valores.

Ninguna decisión que tomemos como líderes conseguirá complacer a todos. Es una realidad con la que debemos aprender a convivir, aunque no siempre resulte fácil. Hace muchos años, cuando dirigía el programa de MBA en el MIT, realizamos una investigación sobre nuestros procesos de admisión y descubrimos que teníamos la oportunidad de revolucionar la forma en que promocionábamos el programa y seleccionábamos a los estudiantes. Desafortunadamente, los resultados de la investigación llegaron justo cuando estábamos lanzando un nuevo ciclo. Esto significaba que o esperábamos hasta el siguiente ciclo de admisiones, un año después, para implementar los hallazgos, o hacíamos cambios significativos en nuestro proceso inmediato, para luego realizar ajustes menores a medida que aprendiéramos más sobre lo que funcionaba y lo que no. Opté por la decisión impopular de implementar los cambios durante el año en curso. Esto requirió transformar procesos internos, modificar nuestro enfoque en las entrevistas a candidatos, actualizar el uso de datos para la toma de decisiones y replantear la dinámica de las reuniones de admisión. No fue un proyecto pequeño, y varias personas del equipo se molestaron porque no esperamos al año siguiente. Querían estudiar más la situación y proponer los protocolos «correctos». Sin embargo, yo creía que la mejor manera de aprender era implementar y ajustar sobre la marcha. Como en última instancia era mi decisión, así es como procedimos, y fui *persona non grata* para varios miembros del equipo de admisiones hasta que empezaron a llegar los resultados, mostrando que nuestro rendimiento (*yield*) con los estudiantes que más queríamos que vinieran al MIT había aumentado significativamente. Hicimos algunos ajustes más en nuestros procesos para el año siguiente, basándonos en lo que habíamos aprendido del curso anterior, y en el nuevo año nuestro grupo de solicitantes de alta calidad aumentó, al igual que nuestro rendimiento. Las decisiones difíciles, sobre todo las que implican concesiones y hacen que algunas personas no estén contentas, también son parte del liderazgo.

Distinguir qué desafíos merecen nuestra atención y la energía intelectual de nuestros colaboradores define la eficacia del liderazgo. A medida que ascendemos en la organización, nuestra perspectiva debe evolucionar: de resolver problemas a identificarlos, y luego a priorizar aquellos que realmente exigen ser abordados. Según ascendemos en los niveles de la organización, empezamos a ver el panorama general y las implicaciones a más largo plazo de las decisiones que tomamos hoy, y las opciones o prisiones que resultan de estas. Pasamos de una visión funcional a una visión empresarial. Tener una idea de lo que intentamos lograr y de lo que estamos sacrificando al perseguir estas metas nos ayuda a hacer las concesiones apropiadas y a comunicar nuestras decisiones a los afectados.

Depende

Durante el análisis de un ejercicio que realizo en mis talleres, destinados a los equipos que no logran sus objetivos, pongo un audiovisual que arroja una explicación sobre por qué esto suele ser así. En el vídeo, el orador dice que esto se debe a que «a los estudiantes de empresariales se les enseña a encontrar una única respuesta correcta». Y no son solo estos alumnos universitarios. En la escuela, la mayoría de los problemas que se nos pedía resolver tenían una respuesta «correcta», lo que a menudo resulta reconfortante. Como seres humanos, anhelamos la certeza. Sin embargo, rara vez hay una única respuesta correcta, sobre todo cuando hablamos de trabajar con personas. Aun así, muchos informes mediáticos que difunden investigaciones suelen presentar los hallazgos con mayor convencimiento del que los propios investigadores afirmarían. Como nos dicen los investigadores:

> Rara vez, o nunca, en una investigación, todos los miembros de un grupo exhibirán el mismo comportamiento u opinión. Realmente no hay hallazgos que sean ciertos el 100% del tiempo; siempre hay variaciones cuando se trata de seres humanos reales... Los descubrimientos de la investigación deberían discutirse... con palabras como «tienden a» o «más propensos» y «menos propensos» en lugar de «son» o «no son».[1]

Por ejemplo, si sale un informe que dice que «el consumo de tres a cinco tazas estándar de café al día se ha asociado consistentemente con un riesgo reducido de varias enfermedades crónicas»,[2] esto no significa que todo el que beba esa cantidad cada día no tendrá una de estas enfermedades. En realidad quiere decir que es más probable que no las desarrollen, no que no las sufrirán. De hecho, muchos de ellos las desarrollarán, pero a una tasa menor que los que no beben café.

Gran parte de la investigación, sobre todo la psicológica o sociológica, o cualquier experimento con sujetos humanos, puede ayudarte a ver patrones, pero no te garantizará predecir resultados con una sola persona o grupo determinado. Solo porque el 90% de los individuos del estudio respondieron de manera similar, no podemos decir que los hallazgos se mantendrán para los sujetos que tenemos delante. No podemos predecir el comportamiento de nadie con total exactitud, y aunque la investigación nos ayude a entender grandes patrones de comportamiento, predecir las acciones o la respuesta de un individuo generalmente no es posible.[3] Los experimentos nos dan probabilidades, no certezas. Entonces, ¿cuál es la respuesta correcta? Depende.

El liderazgo efectivo no se basa en respuestas simples. La realidad nos muestra que dos situaciones a las que nos enfrentamos nunca son idénticas, por lo que difícilmente existirá una solución universal aplicable. El contexto cambia: quizás es una persona diferente en unas circunstancias que hemos visto antes, o la misma en una coyuntura diferente. O quizás es una situación similar en una empresa o sector distintos, o en otro momento de la vida de la organización. Cuando el contexto cambia, como lo hace constantemente, nuestras decisiones bien pueden cambiar. Como dijo Heráclito: «Ningún hombre pisa dos veces el mismo río, porque no es el mismo río y él no es el mismo hombre».

Desafíos de liderazgo

Al guiar personas y organizaciones, nos enfrentamos a una variedad constante de decisiones. Para simplificar este panorama, solemos agrupar los retos de liderazgo en tres categorías principales: problemas, dilemas y paradojas. Cada uno exige reflexión y habilidades particulares para abordarlos, y el enfoque que utilicemos puede variar significativamente según el caso.

Problemas

Los problemas representan situaciones que requieren solución y, si bien existen múltiples enfoques válidos, rara vez hay una única respuesta correcta. No obstante, algunas alternativas resultan notablemente más efectivas que otras. Por ejemplo, hay múltiples respuestas a preguntas como estas: ¿cómo podemos reducir costes? ¿Cómo se reduce la rotación de empleados? ¿Cómo lograríamos aumentar la productividad? ¿Cómo deberíamos promocionar este nuevo producto? ¿Habría que contratar a este candidato o buscar más ampliamente a alguien con más experiencia? Estas decisiones implican concesiones, por lo que implican que haya ganadores y perdedores. Sin embargo, una vez que eliges una opción para seguir, ya resuelves el problema y puedes seguir adelante.

Todas las decisiones tienen consecuencias, y es útil considerar cuáles serán de antemano. De esta manera, te preparas para ellas y evitas, o mitigas, algunas de las desventajas. Puede que aun así tengas que elegir una solución difícil que afectará negativamente a algunas personas, pero considerar cuidadosamente las opciones, las posibles consecuencias y cómo podrías finalmente abordar y anunciar la decisión te ayudará a escoger la decisión mejor y más informada.

Al analizar las diversas opciones, reflexiona: ¿cuál, o qué combinación de ellas, resuelve el problema con mayor eficacia? Una forma sencilla de analizar las alternativas se resume en el cuadro de la figura 8. Puedes descargar la plantilla para tu propio uso en www.margaretandrews.com/mylobookresources.

Un cuadro de referencia para evaluar alternativas

Opción A	Opción B	Opción C
Pros/Beneficios	Pros/Beneficios	Pros/Beneficios
Contras/Desventajas	Contras/Desventajas	Contras/Desventajas
Cómo mitigar las desventajas	Cómo mitigar las desventajas	Cómo mitigar las desventajas

Figura 8. Cómo elegir entre diferentes alternativas.

Para analizar un problema, puedes empezar con la opción A y enumerar todos los beneficios que se te ocurran para esta. Luego, suponiendo que elijas la opción A, ¿cuáles son las posibles desventajas, los posibles contras, de elegir esta alternativa? Y después, si escogieras la opción A y te encontraras con algunas de estas desventajas, ¿hay formas de mitigarlas? Repite este proceso para todas las demás opciones que estés considerando. A menudo tenemos una solución preferida en mente y nos cuesta más encontrar sus posibles desventajas o ver los beneficios de las otras alternativas. Por eso, al rellenar una plantilla como esta, es útil hablar con otras personas, sobre todo con aquellas que se inclinan por otra opción o que son de otra parte de la organización, para que te ayuden a considerar las posibilidades con más cuidado. Esto también ayuda a evitar consecuencias no deseadas o sorpresas al elegir e implementar cualquiera de las opciones. En ocasiones, la mejor elección es aquella donde contamos con mayores recursos y capacidades para gestionar las posibles desventajas.

Para problemas más complejos, tal vez necesitemos pensar de forma más integral. Esto implica considerar un espectro más amplio de opciones con sus respectivas compensaciones y posibles consecuencias, comprender en profundidad a todos los actores afectados por la decisión, identificar qué se requiere para implementar la solución de manera efectiva, y determinar la forma más adecuada de comunicar la resolución del problema. Mary Rowe, profesora del MIT que ejerció como defensora del pueblo durante muchos años, tiene un principio particularmente útil para estas situaciones: «¿Los intereses de quién están en juego y cuáles son esos intereses?». Me he basado en la pregunta de Rowe para crear un marco de cuestiones útiles para reflexionar sobre decisiones difíciles:

1. ¿Cuál es mi meta en esta situación?
2. ¿Qué estoy optimizando con esta decisión? Y al hacerlo, ¿a qué estoy renunciando o restando prioridad?
3. ¿Cuáles son mis opciones si decido proceder?
4. Para cada una de estas opciones, analiza:
   - ¿Hasta qué punto aborda esta opción la meta que intento alcanzar?
   - ¿Quién se verá afectado por la elección de esta opción, tanto directa como indirectamente?
   - ¿Cómo podría percibir la gente esta opción, en términos de cómo les afecta a ellos y a los demás? Basándose en esta percepción, ¿cómo crees que se sentirían al respecto? ¿Qué pensarían sobre esta alternativa y su impacto?
   - ¿Cuáles son las posibles implicaciones a largo plazo de elegir esta opción, tanto positivas como negativas (p. ej., habilita o elimina diversas opciones futuras)?
   - ¿Quién tendría que participar en la planificación e implementación de esta alternativa para aumentar la probabilidad de éxito?
5. ¿Qué opción, o combinación de ellas, nos acerca más a nuestra meta y presenta concesiones o desventajas manejables?
6. ¿Quién necesita saber sobre esta decisión y cuándo necesita saberlo?
7. ¿Cómo podría comunicar la decisión a cada persona o grupo afectado para aumentar la comprensión y el apoyo?

Conocer nuestros valores y prioridades nos ayuda a hacer concesiones un tanto difíciles, como descubrió Jen Owings, subdirectora y administradora de sistemas de apoyo a la enseñanza del Departamento de Educación de la ciudad de Nueva York. En sus palabras:

—Tuve que aceptar que no todo el mundo va a estar contento con mis decisiones.

Sobre diseñar el horario escolar general, aseguró:

—Nunca logras complacer a todos, pues son muchos los afectados por esta decisión. Escucho a diversas personas, valoro las posibles concesiones y busco la mejor solución posible, para luego explicar abiertamente el razonamiento detrás de mi elección.

Equilibrar las necesidades de estudiantes, profesores, personal administrativo y padres representa siempre un desafío complejo:

—Mi vocación por la educación nació de un genuino interés por los niños, un valor fundamental que guía cada decisión que tomo. En mi campo, si priorizo el bienestar de los estudiantes y de la escuela en su conjunto, difícilmente me desviaré del camino correcto. Nuestra misión es apoyar a los niños, no garantizar la comodidad de los adultos. En varias ocasiones, mis decisiones no se alinearon con los intereses de mis superiores, e incluso cuando me han cuestionado o reprendido ligeramente, nunca he experimentado una consecuencia negativa por poner a los alumnos en primer lugar al tomar una decisión. Siempre puedo explicar el porqué de mi elección. Cuanto mayor me hago, más me doy cuenta de la importancia de vivir y liderar con integridad. No solo mi reputación depende de ello, sino que soy yo quien tiene que vivir conmigo misma al tomar estas decisiones.

Dilemas

Los dilemas representan situaciones complejas que exigen elegir entre dos alternativas insatisfactorias, donde cada opción implica concesiones significativas y evidentes. Algunos dilemas comunes conllevan medidas desagradables respecto a las personas y los beneficios, o sobre los derechos de diferentes trabajadores o grupos. Por ejemplo, ¿deberías retener a un científico brillante que intimida y acosa a otros? ¿Ascender a un vendedor de alto rendimiento que juega con la verdad con demasiada libertad al tratar con los consumidores? ¿Contratar al hijo del cliente aunque esté significativamente menos cualificado que otros candidatos? ¿Cerrar una planta local, afectando negativamente a esos empleados y a la economía de la ciudad, y deslocalizar la producción para ahorrarle a la empresa millones de dólares? ¿Anunciar un gran despido o pedir a todos en la compañía que acepten un recorte salarial? Aunque algunas de estas preguntas y las decisiones resultantes puedan parecer claras, con una única respuesta «correcta», a menudo hay argumentos muy convincentes en ambos lados. Por ejemplo, en la historia de apertura en la introducción de este libro, donde James levantó la mano, estábamos discutiendo un caso sobre un cirujano brillante con terribles habilidades interpersonales y si debíamos mantenerlo o despedirlo. Hubo argumentos apasionados y razonables en ambos lados de la discusión. Lo que aparenta ser una decisión sencilla y obvia suele revelar una mayor complejidad al examinarla, con toda clase de complejas concesiones.

Algunos de los dilemas más complejos, aquellos que generan debates más intensos en el aula, giran en torno a cuándo y si despedir a un colaborador. ¿Debemos ayudarlo a mejorar o es preferible actuar con determinación? ¿Cómo identificar el momento adecuado para tomar esta decisión?

—Es difícil determinar cuándo corresponde tirar la toalla —me dijo, alguna vez, Shaun Carver, el director ejecutivo de la International House de la UC Berkeley. Shaun hablaba de la inversión que supone el desarrollo de otras personas—: Reconozco que suelo mostrarme impaciente ante el bajo rendimiento, y me cuesta discernir si esto se debe a que la persona no muestra interés o capacidad para mejorar, o si simplemente estoy siendo demasiado exigente. Puedo identificar situaciones en las que insistí guiando a alguien mucho más allá de lo razonable, pero también estoy seguro de haber abandonado esfuerzos con otras personas antes de tiempo.

Otro dilema surge cuando un empleado comete un error de juicio que nos hace dudar de su integridad. ¿Hay algunas transgresiones que deberían pasarse por alto y, en caso afirmativo, cuáles y por quién? Hace muchos años, John Reed, exdirector de Citibank, contó una historia sobre cómo llamó a uno de sus delegados, un alto ejecutivo, a su despacho y lo despidió en el acto. Incrédulo, el hombre preguntó por qué, y Reed le dijo:

—Acabo de revisar tu informe de gastos y he visto que tenías un gasto de un viaje en taxi de doce dólares el día que tuvimos una reunión con un cliente en el centro.

El hombre pareció sorprendido y, un tanto receloso, asintió, reconociendo el gasto.

—No tomaste un taxi de vuelta a la oficina. Yo estaba contigo en esa reunión y volvimos andando juntos. Y, sin embargo, hay un viaje en taxi de doce dólares en tu informe de gastos de ese día.

Desconcertado, el hombre le dijo a Reed:

—¡No puedo creer que me estés despidiendo por un gasto de doce dólares!

A lo que Reed replicó que, por supuesto, lo estaba despidiendo por un gasto fraudulento de esa cuantía:

—Si eres capaz de arriesgar tu trabajo por doce dólares, me pregunto qué harías si hubiera dinero de verdad en juego. Simplemente no puedo correr ese riesgo, así que sí, estás despedido.

¿Qué hubiéramos hecho nosotros en el lugar de Reed? Por un lado, la persona que estaba despidiendo era un ejecutivo experimentado, alguien en cuyo análisis y consejo él confiaba para dirigir el negocio. Por otro lado, ese empleado había cometido un pequeño fraude. Minúsculo, sí, pero un acto de fraude al fin y al cabo. Esto ilustra eficazmente un dilema: es un juicio difícil que tiene implicaciones, decidas lo que decidas. Reed podría haber hecho la vista gorda y señalar que doce dólares es algo insignificante en el gran esquema de las cosas. Evitaría así perder a un empleado muy talentoso con una profunda experiencia, pero también sería cómplice del fraude y lo condonaría con su inacción.

Reed podría haber reprendido al hombre sin haberlo despedido. La ventaja de esto sería retener a un empleado talentoso. La desventaja es que habría permitido que alguien cometiera fraude. Además, Reed había perdido la confianza en ese ejecutivo y en su juicio. Y ese sentimiento resulta esencial. ¿Qué magnitud de transgresión se mantendría en el ámbito de lo «aceptable, con una amonestación» y qué falta cruzaría el umbral de lo «inadmisible, con separación inmediata»?

También podríamos despedir al trabajador, como hizo Reed. La ventaja de esta decisión es que el empleado no cometería más transgresiones, y su expulsión enviaría una señal ética contundente a la empresa. La desventaja es que llevó mucho tiempo reemplazar al ejecutivo, dado su nivel de experiencia, lo que fue difícil para la empresa. Y su despido tuvo un coste para el propio trabajador, así como para su familia.

Puede que tú hubieras decidido de otra manera, y eso es lo que pasa con los dilemas: no hay una respuesta correcta absoluta. Diferentes personas llegarán a diferentes conclusiones y tomarán diferentes decisiones. Tener claros nuestros valores, que exploramos en el capítulo 3, es particularmente útil al enfrentarse a un dilema. Aunque este problema implica elegir entre «esto o lo otro» y provoca una sensación de «malo si lo haces, malo si no lo haces», si tenemos un firme conocimiento de nuestros propios valores y razonamos la decisión —entendiendo los valores en juego así como las concesiones en ambos lados del asunto—, podemos defender nuestra elección, incluso si otros no están de acuerdo.

Paradojas

La mayoría de los desafíos de liderazgo se desarrollan en tonos grises. A pesar de que suelen presentarse como decisiones binarias —sí o no, esto o aquello—, la realidad es que rara vez se reducen a opciones tan simples. A diferencia de los problemas y los dilemas, las paradojas no se solucionan ni se resuelven. Se gestionan. No «elegimos un bando», sino que intentamos integrar lo mejor de ambos lados, o polos, de una paradoja y crear un equilibrio dinámico, uno que necesitará un seguimiento y un ajuste continuos. A menudo llamo a estos desafíos «grises», porque van más allá de las soluciones de blanco o negro y porque, en lugar de centrarnos en alternativas binarias, nos enfocan mejor a apostar al punto medio. Es como escribió F. Scott Fitzgerald en su libro de 1945, *El crack-up*: «La prueba de una inteligencia de primer nivel es la capacidad de tener dos ideas opuestas en la mente al mismo tiempo y, aun así, conservar la capacidad de funcionar».

Una de las paradojas más fascinantes es la que enfrenta «no te preocupes por las pequeñeces» con «son los detalles lo que realmente importa». Como es natural, todo depende de la situación y del punto de vista:

—Lo que para mí es un detalle menor, para ti puede ser algo fundamental —me dijo Eric Cornell, antiguo alumno de mis seminarios y productor de Broadway galardonado con dos Premios Tony—. En el mundo del espectáculo, hay mucho de pensar a lo grande y de visión general, y sin embargo, pueden ser las pequeñas cosas las que marcan la diferencia. No solo vendemos teatro o incluso entretenimiento; vendemos una experiencia. Las pequeñeces a menudo tienen un elemento humano, ya sea enviar una nota de agradecimiento a la gente que ayudó en el camino, prestar atención a los detalles en el diseño del decorado o anticiparse a cómo la gente usará tu producto o experimentará tu servicio. Un ejemplo memorable ocurrió cuando visité el taller de vestuario que confeccionaba los trajes para uno de mis espectáculos. Allí me mostraron el proceso detallado de creación de un medallón que formaría parte del atuendo. Era un uniforme militar y querían asegurarse de que las condecoraciones fueran históricamente precisas, así que consiguieron las medallas reales y luego las recrearon en silicona para acomodar no solo los elementos dramatúrgicos, sino también los humanos. Esa diseñadora entendía que los actores necesitan trajes que parezcan reales, que no sean demasiado pesados ni demasiado calurosos, que se puedan poner y quitar rápidamente y aptos para lavar ocho veces por semana sin que se deshagan. Su equipo se estaba preocupando por lo que mucha gente consideraría pequeñeces, pero eran cosas muy importantes para la producción y los actores que llevaban el vestuario. Su atención a este detalle aparentemente diminuto fue importante para nosotros, y creo que ella también estaba orgullosa de ese trabajo. La atención a los pormenores que importan a los demás demuestra nuestro esmero y cuidado por las personas a las que servimos.

Las paradojas abundan en la vida corporativa y en casi todos los aspectos del liderazgo. Aquí tienes algunos ejemplos clásicos relacionados con el liderazgo (muestro los dos lados, o polos, que a menudo se presentan):

Paradojas en la dirección de organizaciones
- visión a largo plazo — resultados a corto plazo
- alta calidad — bajo coste
- control — flexibilidad
- eficiencia — innovación
- estabilidad — cambio

Paradojas en la dirección de personas y proyectos
- exigir responsabilidad — ofrecer tranquilidad
- orientado a los resultados — orientado a las personas
- enfoque en la visión general — atención a los detalles
- sentido de la urgencia — paciencia y deliberación
- política de puertas abiertas — trabajo profundo

Gestionar paradojas requiere un equilibrio dinámico, similar al que realiza un equilibrista al cruzar la cuerda: constantes ajustes sutiles que responden a las condiciones del momento. Así como el artista modifica la posición de sus brazos, piernas y pies para mantener el equilibrio, los líderes debemos adaptarnos continuamente a circunstancias que no siempre pueden anticiparse.

Apostar al gris implica considerar los dos extremos, los dos polos o los dos lados de la paradoja y luego usar la creatividad y la perspicacia para examinar formas de convertir lo que parece una situación de «o esto o lo otro» en una otra que implique «un poco de ambas». El liderazgo en sí mismo es una empresa creativa, y Teresa Amabile, de la Harvard Business School, descubrió que la creatividad individual es una combinación de pericia, pensamiento creativo y motivación.[4]

La pericia en el contexto de la creatividad hace referencia al conocimiento intelectual de cualquier tipo: tus estudios técnicos, tu experiencia funcional o incluso lo que sabes de historia, mantenimiento de motocicletas, cocina o cualquier otra cosa. La creatividad surge de conectar elementos diversos, transformando todo conocimiento en material potencial para ideas innovadoras. Al examinar las paradojas, nuestra pericia en el negocio, el contexto del mercado y las personas involucradas nos ayudan a pensar en posibles formas de gestionar la paradoja.

Las habilidades de pensamiento creativo se relacionan con la flexibilidad e imaginación con que puedes abordar un problema. ¿Eres capaz de listar todas las formas que se te ocurren para abordar el desafío? ¿Cuál podría funcionar? ¿Qué no funcionaría definitivamente? También resulta útil considerar aquellas ideas que «definitivamente no funcionarían», pues a veces reflexionar sobre propuestas inviables nos conduce hacia soluciones innovadoras y prácticas. Pregúntate cómo abordarían otros la situación, personas como tu mejor jefe, la madre Teresa, Walt Disney, Tina Fey, Batman, Richard Branson, Maya Angelou o cualquier otra persona, real o imaginaria, para que te den más ideas.

La **motivación** se refiere al impulso que aportas para resolver el problema, y viene en dos sabores: extrínseca e intrínseca. La motivación extrínseca viene de fuera de ti, y es fácil pensar en ella como una zanahoria o un palo. Por ejemplo, una zanahoria sería recibir un bonus si se te ocurre una idea creativa, y un palo consistiría en recibir un recorte salarial si no lo haces. La motivación intrínseca, por otro lado, viene de dentro. Los trabajadores que están intrínsecamente motivados abordan los problemas no por los elogios o las recompensas económicas, sino porque están personalmente interesados en encontrar una solución. El desafío en sí mismo es motivador. Resulta que la motivación intrínseca es más importante para la creatividad que la extrínseca. Las personas que simplemente quieren resolverlo tienen más probabilidades de hacerlo que las que se motivan con zanahorias o palos. Por ejemplo, cuando hubo una explosión en el espacio y no estaba claro si el Control de la Misión podría devolver a casa a los astronautas del Apolo 13, fueron los ingenieros y científicos quienes trabajaron casi sin parar durante muchos días para traerlos de vuelta a salvo. No fue un bonus ni el derecho a fanfarronear lo que hizo que esta gente trabajara incansablemente; fue su motivación intrínseca. Eran científicos e ingenieros a los que les gusta resolver problemas grandes e importantes, y eran sus amigos los que estaban en peligro, así que querían ayudarlos a volver a casa. La motivación extrínseca no necesariamente funciona en contra de la resolución creativa de problemas, pero es la intrínseca la que resulta más útil.

Al abordar una paradoja, podemos hacernos las siguientes preguntas:

1. Al examinar uno de los polos o extremos de la paradoja, ¿qué ventajas específicas ofrece este enfoque particular?
2. Si nos centramos únicamente en este lado, ¿qué aspectos negativos pueden surgir?
3. Mirando el otro polo, ¿cuáles son los beneficios de este enfoque?
4. Si nos centramos únicamente en este otro polo, ¿qué aspectos negativos pueden surgir?
5. ¿Cuáles son las formas que se nos ocurren para obtener los beneficios de ambos polos (respuestas a las preguntas 1 y 3)?
4. ¿Cuáles son las formas que se nos ocurren para minimizar los aspectos negativos de ambos polos (respuestas a las preguntas 2 y 4)?

Como líderes, adentrarnos en la complejidad mediante estas preguntas nos permite capitalizar el conocimiento y la creatividad de nuestros equipos, afrontar decisiones difíciles con mayor perspectiva y encontrar soluciones adaptadas a los desafíos específicos de cada contexto.

* * *

—Antes de asumir mi puesto como director ejecutivo —compartió Shailesh Shukla, CEO de Aryaka, una empresa de *software* de seiscientos empleados en Silicon Valley—, ya había tomado decisiones importantes en otros roles, pero esto era diferente.

Shailesh había ocupado el puesto de segundo al mando en una *startup* y dirigido unidades de negocio en grandes corporaciones. Según me explicó, en aquellos roles las decisiones contaban con respaldo institucional: existían procesos definidos, marcos establecidos y mecanismos de control que garantizaban equilibrio en cada determinación.

—En aquellos puestos, aunque las decisiones fueran importantes y críticas, no transformaban la esencia de la empresa. Pero como director ejecutivo, las elecciones simples ya han sido resueltas por otros en la organización. Solo los dilemas más complejos llegan a mi escritorio. Estas decisiones sí alteran el rumbo de la compañía, afectan a las personas que forman parte de ella e incluso impactan a sus familias. Es una responsabilidad inmensa. Algunas de estas decisiones serán impopulares, otras podrían resultar equivocadas, pero, aun así, debo tomarlas con oportunidad y convicción.

Cuánta razón. Adoptar buenas decisiones es uno de los desafíos más poderosos y difíciles del liderazgo.

Puede que no siempre estés en lo correcto y, a veces, algunas de tus decisiones no tendrán el resultado que esperabas. En ocasiones, cambiar de opinión es una señal de inteligencia. Como líderes, seremos puestos a prueba —y juzgados— por las resoluciones que adoptemos. Muchas de nuestras decisiones afectarán a otras personas, tanto directa como indirectamente. Y a veces, incluso haciendo nuestro mejor esfuerzo, tomaremos una mala medida. Suele pasar. Aunque nada garantiza que los resultados de nuestras decisiones sean favorables, si mantenemos nuestros propios valores y los de la organización en primer plano, al menos dictaminaremos medidas que podamos defender.

PARTE CUATRO

Liderar a largo plazo

Liderar a
largo plazo

Entender
y gestionar
el contexto
organizativo

Liderar
a los demás

Comprensión
y gestión de
uno mismo

9

Recuperarse de los contratiempos, superar los obstáculos y desarrollar resiliencia

Las cosas no salieron según lo planeado para Ashwin Damera cuando, desde su India natal, fundó la empresa de servicios de viajes en línea Travelguru:

—Estábamos a punto de ser adquiridos, habíamos firmado todos los documentos y solo restaba esperar a que el dinero se enviara a nuestra cuenta. Pero la transferencia no se completó.

Lo que Ashwin y su equipo no sabían en ese momento era que Lehman Brothers, una empresa de servicios financieros de 158 años con casi veinticinco mil empleados en todo el mundo, acababa de quebrar, dando inicio a la crisis financiera de 2008. Pronto se enteraron:

—El mundo de las *startups* temblaba, la industria de los viajes se estaba hundiendo, nuestro acuerdo para vender la empresa se vino abajo y mi compañía entró en una terrible recesión.

En ese momento, la empresa solo tenía dinero suficiente para mantenerse a flote durante dos meses, lo que significaba que se despidieron empleados y se buscó préstamos puente. Más tarde ese año, hubo atentados en los hoteles Taj y Oberoi en Bombay, y el negocio de los viajes sufrió otro golpe. Y las malas noticias continuaron:

—Entonces, uno de nuestros principales inversores manifestó su intención de retirarse. Me decepcionó profundamente, pues considero que en los momentos difíciles se demuestra el compromiso con la visión a largo plazo. Fue entonces cuando comprendí que este inversor y yo no compartíamos los mismos valores.

Poco después, Ashwin se vio obligado a vender su compañía por una valoración inferior:

—Ese fue un momento muy duro para mí, porque en ningún punto de mi carrera profesional me habían apaleado así, y me dio mucho en qué pensar. Ese instante en que la vida te golpea con más fuerza es a veces el momento en que obtienes la mayor claridad sobre quién eres y qué te importa. Empecé a darme cuenta de que había fundado esa empresa solo para ganar dinero y no tenía ningún apego especial a la industria de los viajes. Sin embargo, sí que tenía un fuerte interés en la sanidad y la educación, dos sectores que tienen el poder de mejorar la vida humana. Con una *startup*, no hay garantía de éxito, y con tantos factores fuera de tu control, todo se reduce a una tirada de dados. Quería crear una empresa en la que, fuera o no un éxito financiero, supiese que había hecho algo que valía la pena con mi vida.

Ashwin decidió centrarse en el sector de la educación y ahora es fundador y director ejecutivo de dos de las *startups* de tecnología educativa más exitosas, Emeritus y Eruditus. Como me dijo aquella vez:

—Yo no había querido vender la primera empresa, pero esa aparente tragedia fue lo mejor que me pudo pasar, porque entonces me topé con algo que resultó mucho más exitoso económicamente y que ha encajado mucho mejor conmigo como ser humano.

* * *

A veces la realidad se desvía de lo planeado y esto puede comprometer nuestro equilibrio. Alguien nos decepciona, nos avergüenza, nos niega un ascenso merecido, dice una cosa y hace otra, traiciona nuestra confianza o se comporta de una manera que nos confunde, frustra o hiere. En ocasiones, somos nosotros quienes cometemos errores que afectan a otros: decepcionamos a alguien, tenemos un arrebato de ira, callamos cuando debíamos defender nuestros valores o actuamos de formas de las que luego nos arrepentimos. Eso es el ser humano. Si te expones, como hacemos los y las líderes, es probable que en algún momento tengas un contratiempo o incluso un fracaso de envergadura, como que tu empresa quiebre, que te despidan o verte humillado públicamente. Vamos, algunas de las cosas que más duelen.

Recuperarse de los contratiempos

Los contratiempos forman parte inevitable tanto de la vida como del liderazgo. Sin embargo, aunque no siempre podamos evitar que ocurran, sí tenemos la capacidad de decidir cómo responder ante ellos. Con frecuencia, no es el revés en sí lo que define nuestro camino, sino la forma en que lo gestionamos y los pasos que tomamos después de vivirlo.

Mi familia solía ir a Maine cada verano para pasar una semana nadando, haciendo kayak o senderismo, leyendo y relajándonos juntos. El punto culminante de la semana era el *rafting* en el río

Kennebec. En una ocasión, durante la charla de seguridad, los guías nos explicaron cómo sería el terreno, qué debíamos esperar y no solo cómo mantenernos a salvo en la balsa, sino qué hacer si te caías y te encontrabas descendiendo un rápido de clase IV tú solo. Lo denominaban «autorrescate proactivo». Como nos explicaron:

—Nadie velará por tu seguridad más que tú mismo, y debes actuar en consecuencia.

Este principio trasciende el *rafting* en aguas bravas; se aplica a todos los momentos turbulentos que afrontaremos en la vida. Cualquier contratiempo puede enviarnos por nuestro propio y emocional rápido de clase IV. Cuando nos enfrentamos a una crisis, ya sea personal o profesional, existen acciones concretas que podemos implementar para limitar su impacto, alcance y duración:

- **Acepta la realidad.** ¿Qué acaba de pasar? ¿Quiénes se ven afectados? Tal vez resulta tentador culpar a otros o a las circunstancias, pero ¿cuál fue tu papel en la situación? ¿Qué es diferente ahora? ¿Qué sigue igual? Sé claro sobre los acontecimientos y los resultados actuales. Es difícil recuperarse de un contratiempo si estamos negando la situación o si «catastrofizamos» y le damos más importancia de la que merece.

- **Evalúa qué factores están bajo tu control en este momento y cuáles no, y luego céntrate en lo que puedes controlar.** Quizás no seas capaz de manejar muchos factores ahora mismo, pero sí de gestionar cómo respondes a la crisis. Es tentador centrarse en los aspectos que están fuera de nuestro control, dándole vueltas a lo que acaba de pasar o a lo que deberíamos haber dicho o hecho. Sin embargo, esto a menudo sirve para empeorar las cosas, ya que nuestra ansiedad toma las riendas. Puede que te resulte útil hacer una lista de todos los factores que están actualmente fuera de tu control y los que verdaderamente están a tu alcance. Escribirlo ayuda a sacar el ruido de tu cabeza, a calmar la ansiedad y a reactivar tu cerebro lógico. Ahora lograrás determinar exactamente qué aspectos de la situación están bajo tu control, para después centrarte solo en ellos. ¿Qué podrías hacer que provocara un impacto positivo en la situación ahora mismo?

- **Ponte primero tu mascarilla.** El fracaso no es mortal, así que no te olvides de cuidar de ti mismo mientras atraviesas la situación. Esto significa comer bien, dormir lo mejor posible y hacer ejercicio para fortalecer tanto la salud física como la mental. Si estás lidiando con un contratiempo que implica a la organización, como perder un cliente importante, no conseguir la siguiente ronda de financiación, cambios en la regulación o un gran desastre de relaciones públicas, recuerda el viejo dicho de que «no puedes llenar un vaso con una jarra vacía». No lograrás ayudar a otros si tú mismo estás en crisis. En la medida de lo posible, vuelve a las rutinas o rituales que tengas (p. ej., salir a correr por la mañana, lavarte los dientes, leer antes de dormir) para alcanzar cierto nivel de normalidad o estabilidad. Una cosa que está totalmente bajo tu control es cómo te cuidas. Empieza por dejar el teléfono y salir de las redes sociales. A veces, lo mejor que puedes hacer es salir a caminar o darte una ducha para despejar la cabeza. O escribir en un diario lo que estás sintiendo, para sacar esas emociones difíciles de tu cuerpo y ponerlas sobre el papel, donde lidiarás con ellas más adecuadamente.

- **Considera interpretaciones alternativas.** Resiste el impulso de verte como una víctima o un villano, y busca cualquier aspecto positivo o posibilidad que no hayas tenido en cuenta. ¿Qué podría propiciar esta situación o tus nuevas circunstancias? A veces, un contratiempo abre nuevas oportunidades, como le ocurrió a Ashwin. También puedes preguntarte si esta situación será algo de lo que te reirás dentro de unos años. Quizás es solo una bifurcación en el camino en lugar del final del mismo. A veces, adoptar una visión a largo plazo evita que seamos catastrofistas y nos ayuda a ver los aspectos positivos que hayamos pasado por alto, así como otras formas de avanzar o caminos hacia un nuevo comienzo. A menudo, un contratiempo es tanto una pérdida como una ganancia, pero cuando no vemos la situación con claridad podemos centrarnos solo en lo negativo y regodearnos en ello. Recuerda las palabras de aquel personaje de Dev Patel, Sonny Kapoor, en la película *El exótico Hotel Marigold*: «Al final, todo saldrá bien. Así que si no está bien, es que todavía no es el final».

- **Reflexiona.** Un contratiempo o cualquier otro tipo de decepción no es un fracaso si aprendes algo de ello. La arena en la ostra crea una perla: ¿qué aprendizajes o perlas de sabiduría puedes sacar de esta situación? ¿Cómo podrías aprovechar este nuevo conocimiento? ¿Cómo cambiará tus comportamientos o acciones en el futuro? ¿De qué manera podrías beneficiarte tú u otras personas de estos aprendizajes?

- **Conecta con tus valores y lo que te motiva.** Contar con una brújula de nuestros valores o saber qué nos apasiona facilita notablemente la recuperación ante futuros contratiempos.

Steve Jobs, en su célebre discurso de graduación en Stanford (2005), reflexionó sobre el terrible impacto que tuvo en él que le despidieran de Apple, la misma empresa que había fundado:

Lo que había sido el foco de toda mi vida adulta había desaparecido, y fue devastador. Realmente no supe qué hacer durante unos meses.

No solo sentía la vergüenza de una humillación pública, sino también el peso de haber defraudado a quienes confiaban en él dentro de la industria. Llegó a plantearse abandonar el sector por completo, hasta que recordó que seguía amando profundamente su trabajo. Esta revelación personal redefinió por completo su trayectoria vital:

No lo vi entonces, pero resultó que ser despedido de Apple fue lo mejor que me pudo haber pasado. El peso de ser exitoso fue reemplazado por la ligereza de ser un principiante de nuevo, menos seguro de todo. Me liberó para entrar en uno de los periodos más creativos de mi vida.

Durante los años siguientes, fundó otra empresa de informática, invirtió en una incipiente compañía llamada Pixar y conoció a la mujer con la que más tarde se casaría. Cuando Apple compró su empresa de informática, Jobs regresó a la firma de la manzana, y la compañía lanzó el iPhone, el iPad y el Apple Watch. Él no solo se recuperó de una experiencia humillante, sino que aprendió la lección y dio un salto hacia adelante a una posición mejor. Al reflexionar sobre su experiencia, Jobs comentó que «era una medicina con un sabor horrible, pero supongo que el paciente la necesitaba».[1]

Aunque la historia de Jobs es notable, no tiene por qué ser la tuya. En el fondo, ¿qué es lo que te importa? ¿Qué es relevante para ti? ¿Qué disfrutas haciendo? ¿Qué quieres lograr en tu vida? ¿Cómo podrías usar esta oportunidad para acercarte a tus valores?

- **Conviértete en un manitas.** Un *bricoleur* es alguien que practica el bricolaje. El término en francés lo utilizó por primera vez el antropólogo social Claude Lévi-Strauss para referirse a la habilidad de crear o construir algo usando una diversa gama de cosas previamente disponibles. Se trata de ser un manitas: usar lo que se tenga a mano y hacer lo que se pueda con lo que se tiene. Piensa en qué opciones futuras posibilitará el contratiempo actual. Imagina un futuro diferente. ¿Qué podrías hacer con la situación y los recursos que tienes ahora? Visualiza con creatividad un futuro mejor, luego actúa con determinación para comenzar a construirlo. Empieza despacio y ve qué funciona.

- **Conviértete en el héroe de tu propio viaje.** En el «viaje del héroe», concepto popularizado por el escritor Joseph Campbell, el protagonista responde a la llamada a la aventura y abandona su mundo ordinario para adentrarse en un mundo especial, un territorio desconocido donde deberá aprender nuevas reglas y enfrentarse a desafíos transformadores. Después de una serie de retos, el héroe se encuentra con la prueba suprema, una muy difícil, su mayor miedo, que debe superar antes de alcanzar su meta. El héroe no está seguro de si prevalecerá o sobrevivirá a la prueba, pero finalmente la lleva a cabo y, para resumir, regresa a casa como una persona transformada. Pensar en nuestra situación de esta manera puede darnos otra perspectiva y presentarnos como el héroe de nuestro viaje, a cargo de nuestro propio destino. ¿Y si esta es la prueba suprema por la que debes pasar para luego comenzar una transformación personal o profesional?

Cómo desatascarse

A veces experimentamos una especie de estancamiento, un incómodo sentimiento de «bah»: no es un revés importante ni agotamiento extremo (*burnout*), sino una sensación persistente de apatía o de estar avanzando sin rumbo. Cuando esta percepción se prolonga más de lo que nos resulta cómodo —cada persona tiene su propio límite—, es señal de que necesitamos reconectarnos con lo que realmente valoramos.

Ben, un alto ejecutivo de una multinacional de la música con sede en Nueva York, me contó lo siguiente:

—Cuando decidí sumarme a tu programa, sentía que había perdido mi chispa creativa y estaba desesperado por recuperarla. Así que me pregunté por qué había entrado en la industria musical desde un principio. La respuesta fue clara: me dediqué a esto para crear discos que hicieran sentir y conmover a la gente. Me encanta producir música que invite a bailar. Sin embargo, a medida que fui ascendiendo y ocupando puestos ejecutivos, me alejé del lado creativo del negocio. Y con ese alejamiento, había perdido mi chispa creativa, la energía que me impulsaba y me permitía ser bueno en lo que hago. Entonces me di cuenta de que necesitaba reservar un momento diario para alimentar mi inspiración, y ahora tengo un bloque de noventa minutos en mi agenda cada día para lo que yo llamo «tiempo de flujo creativo». Esta hora y media es innegociable para mí, y no tengo reuniones, llamadas ni uso las redes sociales durante ese rato. Simplemente escucho música y pienso en ideas para mejorarla. Luego puedo enviar estas ideas creativas a mi red de contactos para catalizar la acción. Al principio, era reacio a reservar este tiempo en mi agenda, pero he descubierto que es la mejor y más creativa parte de mi jornada y que me hace ser más productivo, además de más feliz, el resto del día. Ha devuelto mucha alegría a mi trabajo y me ha reconectado con las razones por las que entré en el negocio de la música en primer lugar.

Revisar otra vez las seis preguntas iniciales del libro nos servirá como ancla, al permitirnos reconectar con aquellas personas, ideas y experiencias que han forjado nuestra trayectoria, así como con nuestros valores más profundos y nuestra propia definición del éxito. Y recuerda que podemos actualizar las respuestas que dimos antes. Nuestros valores y nuestras aspiraciones cambian a lo largo de nuestra vida en función de nuestra edad y etapa vital, los acontecimientos personales, nuestra salud, nuestra vida laboral y otros cambios de perspectiva. A menudo, conectar con nosotros mismos, mirar hacia dentro y reevaluar nuestras respuestas a las seis preguntas nos ayudará a hacer pequeños ajustes, como hizo Ben, que nos permitan reconectar con nosotros mismos. Esta sensación de estar atascado también indica que es el momento de hacer un giro profesional o un cambio radical. Nadine Kawkabani, ejecutiva de estrategia en una empresa de servicios financieros de Boston, compartió conmigo su clave del éxito: la autoinvención constante. En sus palabras:

—Como profesionales, debemos reinventarnos continuamente. Yo me he reinventado varias veces en mi carrera y ayudo a la gente que depende de mí a darse cuenta de que estas son las reglas del juego y lo que los ayudará a seguir teniendo éxito.

Construir la resiliencia

Liderar personas, equipos y unidades suele suponer un estímulo, un desafío y una intensa satisfacción. Sin embargo, también puede convertirse en una labor implacable, agotadora y en ocasiones solitaria. Y es entonces cuando debemos hablar de la resiliencia.

La gente suele entender la resiliencia como la capacidad de recuperarse de un contratiempo o decepción, de manera similar a una goma elástica que regresa a su forma original después de ser estirada. Pero si la tensamos demasiado, se rompe. Y si alguna vez has estirado una goma y la has mantenido así durante demasiado tiempo, sabrás que no vuelve a su forma original: pierde su elasticidad y su utilidad. Nosotros también podemos llegar a ese punto cuando trabajamos en exceso durante periodos prolongados, descuidamos nuestra alimentación, sueño y actividad física, y acumulamos estrés hasta caer en el agotamiento extremo. Afortunadamente, la mayoría logra recuperarse de esta fase. Sin embargo, a veces tarda mucho tiempo y conlleva, por ello, implicaciones profesionales y personales.

La resiliencia se define a menudo como la capacidad de recuperarse de los contratiempos, adaptarse bien al cambio y seguir adelante ante la adversidad.[2] Pero esta habilidad no consiste solo en reponerse. Según la Asociación Americana de Psicología:

Los psicólogos definen la resiliencia como el proceso de adaptarse y salir bien parado ante la adversidad, el trauma, la tragedia, las amenazas o fuentes significativas de estrés, como problemas familiares y de pareja, complicaciones de salud graves o factores de estrés laboral y financiero. Por mucho que la resiliencia nos exponga a experiencias difíciles, también puede implicar un profundo crecimiento personal.[3]

La Dra. Kati Karikó es un ejemplo de resiliencia. Habiendo crecido en Hungría como hija de un carnicero, decidió a una edad muy temprana que quería ser científica, aunque nunca había conocido a uno. Al mudarse a Estados Unidos con veintitantos años, permaneció en los márgenes del mundo académico durante décadas, sin ganar nunca más de sesenta mil dólares al año y mudándose de laboratorio en laboratorio a medida que su investigación perdía financiación repetidamente. Muchos de sus superiores no compartían su visión, que iba en contra del saber convencional en la comunidad médica, de que las células de nuestro cuerpo podían usarse para fabricar sus propias medicinas, incluidas las vacunas. Un encuentro fortuito con otro investigador, el Dr. Drew Weissman, cambió el curso de su carrera y de la historia. Su trabajo sentó las bases de la tecnología utilizada en las vacunas COVID-19 de Pfizer-BioNTech y Moderna, y en 2023 ganaron el Premio Nobel de Medicina por su investigación sobre el ARN mensajero (ARNm).[4]

La resiliencia no se limita a persistir, perseverar o resistir —aunque facilita todo esto—, sino que se define por todo lo que llevamos a cabo para hacer posible esa resistencia. Implica cuidarnos adecuadamente. No se trata de ser duro, sino flexible e ingenioso. Nuestro nivel de resiliencia depende de lo que tengamos en nuestra caja de herramientas, y existen recursos que nos ayudan a fortalecerla:

- **Valores, propósito y sentido.** Comprender nuestros valores y metas, y trabajar consistentemente para avanzar hacia ellos, nos impulsan a mantener la perspectiva y a dotar de significado nuestros esfuerzos. Puede ayudarnos a centrarnos en lo que es más importante para nosotros y a mantener el equilibrio emocional. Ante los contratiempos, comprender nuestros valores nos reconecta con lo esencial: al mantenerlos presentes, incluso podremos prevenir futuros tropiezos o acelerar la recuperación. Rob Duboff, cofundador de HawkPartners en Boston, domina el arte de crear redes auténticas, forjando conexiones genuinas que perduran durante décadas.

No solo eso, sino que también conecta generosamente a la gente de su red con otros siempre que esa conexión pueda ser útil. Conozco a Rob desde hace décadas. A lo largo de los años, me ha puesto en contacto con numerosas personas y ha sido generoso con sus consejos, los cuales han sido invaluables para mi carrera. Su entrega es tal que en una ocasión le expresé mi preocupación: temía que algunos pudieran aprovecharse de su amabilidad y desprendimiento. ¿La respuesta de Rob?

—Sí —dijo—, a veces se aprovechan de mí, pero no ocurre muy a menudo. Tiendo a confiar en los demás, y normalmente acierto al hacerlo, porque la mayoría de las personas no se aprovecha. Y así es como quiero vivir mi vida, trabajando con gente agradable, ayudándola a tener éxito y confiando en que harán lo correcto.

Para Rob, las cosas han salido bastante bien.

- **Autocuidado.** Consiste en mantener una alimentación equilibrada, dormir suficiente de manera constante, realizar actividad física y desarrollar estrategias para manejar el estrés. Esto último se traduce en tomar pausas obligatorias, reducir el tiempo en redes sociales, dedicarse a aficiones gratificantes o practicar la reflexión a través del yoga, la meditación, la escritura o salir a correr. Cuidarnos es parte de nuestro trabajo, porque si no podemos preocuparnos de nosotros mismos, ¿cómo tendremos los recursos físicos y emocionales para liderar a los demás?

- **Relaciones sociales.** Mantener relaciones personales sólidas y tener en nuestra vida a gente de confianza nos ayuda a mantener el equilibrio y la perspectiva, y será una fuente de consuelo y apoyo cuando lo necesitemos. Más allá de nuestra familia y amigos, podemos ampliar nuestro círculo social uniéndonos a algún colectivo, ya sea un grupo cívico, una comunidad religiosa, una clase académica o de enriquecimiento personal, o un club de lectura.

Nuestras vidas están moldeadas tanto por sucesos positivos como desafortunados, y a veces, cuando ocurre uno, resulta muy difícil clasificarlo. Connie Askin, directora ejecutiva de una organización sin ánimo de lucro dedicada a jóvenes, entró en el mundo de las ONG a través de una serie de lo que, al principio, parecieron ser eventos desafortunados:

—Hace un par de décadas, me despidieron de una compañía de seguros. Yo era la persona de mayor rendimiento del grupo, pero, justo por eso, ganaba mucho y fue eso lo que hizo que prescindieran de mí.

Fue esta experiencia la que la hizo pensar en hacer algo completamente diferente, y casualmente vio un anuncio de trabajo en AFS, un programa internacional de estudios en el extranjero en el que había participado en el instituto. Pronto, decidió preguntar más sobre aquel puesto:

—Pero llamé al número equivocado. El trabajo que vi era con AFS USA, pero por error llamé a la oficina internacional.

La persona con la que Connie habló le dijo que no tenían un trabajo similar al que ella preguntaba, pero que el puesto de directora financiera estaba vacante.

—Eso despertó mi interés —me contó Connie. Buscando más información sobre la organización en internet, vio un nombre que le resultaba familiar en la junta directiva, alguien que vivía cerca de ella pero que no conocía en persona—: Llamé a su oficina, pensando que probablemente me atendería su asistente, pero al final él mismo respondió el teléfono, y hablamos durante una hora y media.

Connie consiguió el trabajo, y eso lanzó su carrera en el mundo de las ONG:

—Si eres el tipo de persona que toma decisiones difíciles, las cosas no siempre saldrán como habías planeado. O quizás simplemente te verás atrapado en los vientos cruzados de lo que está ocurriendo. Realmente no importa qué ha causado el contratiempo; lo que de verdad interesa es cómo te vuelves a poner en pie, te sacudes el polvo y decides a dónde ir a continuación.

10

Visión a largo plazo

Una vez, Claire, la vicepresidenta de finanzas de una cadena deportiva en el sur de California, me contó una historia, pero ambas extrajimos diferentes conclusiones sobre su moraleja. Según me explicó, tenía un gran empleo en la industria del entretenimiento, pero las largas jornadas de trabajo y el viaje de varias horas la habían agotado:

—Tenía que preparar y llevarme tres comidas cada día: el desayuno para tomar en el coche, el almuerzo para comérmelo en mi escritorio, porque estaba demasiado ocupada para salir, y luego la cena, también para disfrutarla en mi despacho, porque llegaba a casa muy tarde, mucho después de la hora de cenar.

Su horario no solo era difícil, sino que se estaba volviendo insostenible. El padre de Claire había fallecido recientemente, su madre necesitaba ayuda, su marido también tenía un trabajo exigente y empezaba a viajar con más frecuencia, y debían cuidar a una hija de diez años.

—Me gustaba el trabajo que hacía y el equipo que había construido a lo largo de los años, pero simplemente no podía más —me dijo. Algo tenía que cambiar.

Había dos grandes corporaciones a menos de media hora en coche de su casa y, como tenía habilidades muy demandadas y antiguos jefes y compañeros de trabajo que le daban muy buenas recomendaciones, encontró rápidamente un puesto en una de ellas. Aunque el nuevo empleo estaba a minutos de su casa y le daba más tiempo personal, dejaba mucho que desear en el plano profesional:

—El trabajo era aburrido, y el ambiente de la oficina era más conservador y silencioso que un banco y una biblioteca juntos.

Además de esto, su jefe abusaba verbalmente:

—El trabajo y la empresa no encajaban conmigo desde el principio, pero como realmente necesitaba estar más cerca de casa, aguanté durante varios años y cada vez era más y más infeliz.

Un contacto de Claire de su trabajo anterior tenía un amigo que acababa de asumir el cargo de director financiero en una *startup* y necesitaba un auditor. Este amigo le preguntó si conocía a alguien adecuado para el puesto.

—Sí —respondió el contacto de Claire—, y además trabaja justo al otro lado de la calle de tu oficina.

Claire aceptó el puesto y lo llamó su MBA «práctico», refiriéndose a un aprendizaje intensivo en administración de empresas. Allí aprendió de primera mano cada área funcional de la organización:

—Era una *startup* que necesitaba ser rentable, así que entré en mi modo habitual de «a por todas».

Claire guio a la empresa a través de una auditoría intensiva, despidió a algunas personas que no rendían, ayudó a definir y ejecutar la estrategia, y asumió el rol de su jefe cuando este fue despedido poco después de su llegada:

—Pero entonces se fue el director de recursos humanos, y el director ejecutivo decidió poner esa función bajo mi cargo, ¡así que ahora yo era la directora de personal, además de todo lo demás! No sabía nada de ese rol y me di cuenta de que mi prioridad número uno era cubrir ese puesto. Así que fui a mi ordenador, publiqué el puesto en varias bolsas de trabajo en línea y luego envié un correo electrónico a todos mis conocidos preguntando si conocían a una buena persona para este rol.

Las recomendaciones llovieron.

—Me sorprendió mucho la cantidad de gente que me envió recomendaciones —dijo Claire.

El puesto se cubrió en menos de un mes, y ella pudo volver a sus otras funciones.

Cuando Claire terminó de contarme esa historia, dijo:

—Así que supongo que la lección que aprendí de estas experiencias es que no se puede predecir nada. A veces solo tienes que agachar la cabeza, seguir adelante y confiar en que todo salga bien.

Me reí y le confesé que yo había sacado una conclusión muy distinta: la capacidad de colaborar eficazmente con otros resulta fundamental para el crecimiento profesional. Yo escuché cómo las personas con las que Claire había trabajado, a las que había apoyado y desarrollado a lo largo de su carrera, estaban allí para apoyarla. Ella se rio y me dijo:

—Oh, realmente no había pensado en eso. Creo que cuando trabajas estrechamente con la gente, llegas a conocerla de verdad, y tus colegas se convierten en tus amigos.

Conozco a Claire desde hace varias décadas y puedo dar fe de que es inteligente, trabajadora, concienzuda y bienintencionada. También es una de las personas más amables y generosas del planeta. Así que no es de extrañar que cualquiera que hubiera trabajado con ella mencionara su nombre como una gran persona para contratar, o que si recibían un correo electrónico de ella, no solo lo abrieran, sino que también hicieran lo posible por ayudar. Ese es el efecto acumulativo de comprenderse y gestionarse a uno mismo, junto con liderar a otros de manera efectiva, sostenido en el tiempo. La gente deposita su confianza en ti. Desea apoyarte. Te vinculará con oportunidades. Te impulsará.

Nada nos impide, a cualquiera de nosotros, comprendernos y gestionarnos a nosotros mismos, ni liderar bien a los demás. Nada salvo nuestro propio miedo. Nuestro temor a llevar a cabo un cambio. Nuestro pavor a ser diferentes. Nuestro miedo a ser la mejor versión posible de nosotros mismos.

En 2006 se estrenó la película *Akeelah y las letras*, y, picada por la curiosidad, fui a verla en la gran pantalla. Es la historia de Akeelah Anderson, una niña de once años con un talento excepcional para la ortografía. Su profesor y el director de la escuela quieren que se inscriba en el primer concurso de deletreo del centro. Ella compite a regañadientes y gana, lo que la clasifica para participar en las finales regionales del estado. En el camino, Akeelah conoce al Dr. Larabee, un distinguido erudito del lenguaje que cree que la joven tiene el potencial para entrar en el Concurso Nacional de Deletreo Scripps, y se convierte en su entrenador. La película sigue el ascenso de Akeelah como deletreadora, la comunidad que llega a apoyarla y la relación entre la niña y su mentor. Como imaginarás, ambos aprenden lecciones fundamentales mutuamente. En una escena filmada en el despacho de él, Larabee le pide a Akeelah que lea una cita enmarcada en la pared. Comienza así: «Nuestro miedo más profundo no es ser inadecuados. Nuestro miedo más profundo es ser poderosos más allá de toda medida». Recuerdo que se me erizó la piel al leer esas palabras. Resonaron profundamente en mí porque creo que son ciertas. Es nuestro propio potencial lo que más nos asusta. Nos da miedo lo geniales que podemos llegar a ser.

Más tarde, seguí pensando en estas palabras y me pregunté si sería una «cita» creada para el guion. Así que escribí la frase en un buscador y rápidamente descubrí que no se habían inventado para la película, sino que provenían de un libro, *Volver al amor*, de Marianne Williamson. Buscando más, encontré el pasaje completo y lo leí, sonriendo ante las líneas anteriores. Había más en el pasaje, palabras que resuenan en mí hasta el día de hoy:

Nuestro miedo más profundo no es que seamos inadecuados. Nuestro miedo más profundo es ser poderosos más allá de toda medida. Es nuestra luz, no nuestra oscuridad, lo que más nos asusta. Nos preguntamos: ¿Quién soy yo para ser brillante, magnífico, talentoso, fabuloso? En realidad, ¿quién eres tú para no serlo?... Tu falta de autoestima no le sirve al mundo. No hay nada iluminador en encogerse para que otras personas no se sientan inseguras a tu alrededor... Pues a medida que dejamos brillar nuestra propia luz, inconscientemente damos permiso a otras personas para que hagan lo mismo.[1]

Podemos ser poderosos más allá de toda medida.

Gestionarnos a nosotros mismos y liderar a otros es un compromiso a largo plazo. A medida que crezcas como líder y como persona, te encontrarás con condiciones inesperadas que harán el liderazgo más difícil. No todo el mundo estará de acuerdo con tu evaluación. No todo el mundo se mostrará contento con tus decisiones. No todo el mundo se pondrá de tu lado. No le agradarás a todos. Y no todas las decisiones que tomes serán buenas. Son estas condiciones las que te pondrán a prueba y te harán querer retroceder, quedarte en silencio, rendirte, empequeñecerte. Y es en ese momento cuando es más necesario conectar con lo que es importante para ti y pensar en el futuro.

Todos estamos en proceso de llegar a ser, y nuestros comportamientos, nuestras elecciones y nuestras acciones son nuestra responsabilidad. Cada nuevo nivel de liderazgo exigirá un repertorio más amplio de habilidades. Tu responsabilidad crece: serás cada vez más encargado de crear las condiciones para que la organización, y las personas en ella, compitan por el futuro. Pasarás de centrarte en tu equipo y tus proyectos a tener que considerar las implicaciones a corto, medio y largo plazo de tus decisiones y acciones. Y a medida que te aproximes a los puestos más grandes (*C-suite*), dejarás de ser un consumidor de cultura y te convertirás en su creador.

El liderazgo es una empresa ambiciosa, y la ambición es algo positivo. Casi nunca se ha logrado algo importante sin ella, incluyendo guiar a una organización y a sus colaboradores hacia un futuro más próspero. Y el mundo necesita liderazgo hoy más que nunca. A estas alturas, la mayoría de los problemas fáciles ya se han resuelto, y necesitamos a personas con la visión, la ambición y el cuidado para guiar a los individuos, las empresas y las sociedades hacia un futuro mejor.

Estar en una posición de liderazgo es todo un honor y compromiso. Eres diferente ahora de lo que eras hace diez años. Eres diferente ahora de lo que eras hace cinco años. Y eres diferente ahora de cuando empezaste este libro. Hay más curvas en S por delante, y eso es bueno. Tenemos la oportunidad de evolucionar como líderes. Tenemos la oportunidad de trazar nuestro propio rumbo. Tenemos la oportunidad de perseguir grandes metas.

Y, créeme, estás preparado, porque has hecho el trabajo. Entiendes a las personas, las ideas y las situaciones que te han moldeado como individuo y cómo estas influencias se manifiestan en tu enfoque del liderazgo. Tienes claros tus valores. Sabes cómo defines el éxito. Tu autoconocimiento te ancla en lo que es importante y te da una visión de las habilidades y actitudes que necesitarás en el trabajo para convertirte en la siguiente versión de ti mismo. Tu autogestión a lo largo de sucesivas curvas de aprendizaje te permitirá alcanzar ese nivel, así como tu caja de herramientas para abordar los numerosos desafíos del liderazgo y la toma de decisiones, tu comprensión renovada de lo que requiere guiar a otros, tu conciencia del poder de la cultura organizacional y tu repertorio de estrategias para cultivar resiliencia ante los contratiempos que inevitablemente acompañan toda meta ambiciosa.

Así que juega a lo grande: el universo necesita lo que tienes para ofrecer. Necesitamos tus ideas, tu creatividad, tu saber hacer, tu humanidad, tu deseo de mejorarlo todo y tu impulso para convertir el mundo en un lugar más agradable. ¡Necesitamos tu liderazgo!

Agradecimientos

No solo se necesita una aldea para criar a un niño; para crear un libro, también. Mi más sincero agradecimiento a la aldea que me ayudó a criar este libro.

En primer lugar, mi gratitud es para Chris Haley, un ejemplo de autoconocimiento y autogestión, y un compañero de vida excepcional en todos los sentidos de la palabra. Y a Connor Haley, Alec Haley y Erin Haley, tres de mis más grandes maestros y fuentes de alegría y profundo orgullo.

A mis alumnos y a los participantes de mis programas, ha sido un placer trabajar con ustedes y aprender de ustedes a lo largo de los años.

Gracias a las muchas personas que han compartido generosamente sus historias y a quienes han leído los diversos borradores de este manuscrito, entre ellas: Alva He, Andres Salgado-Bierman, Andy Bandyopadhyay, Ashwin Damera, Beat Buhlmann, Ben Maddahi, Camilo Delgado, Christopher Held, Connie Askin, Daniel Mouen Makoua, David Roche, Dayna Catropa, Eric Cornell, Gena Cox, Gina Azaric, Guido Meardi, Harry Robottom, Harriet Stein, Heidi Smith, Irena Asmundson, Janet Brown, Janet Ply, Jen Owings, Josh Freedman, Jules Sebastian, Kathy Oneto, Katie Doran, Lianna Kinard, Lisa Leander, Marian Poirier, Marcia Dawood, Mark Schab, Mary Rowe, Nadine Kawkabani, Prakeerthi Jallipalli, Raj Bandyopadhyay, Rob Duboff, Rohan Rajiv, Sangeeta Saxena, Shailesh Shukla, Shaun Carver, Sue Bevan

Baggott y Tunde Fafunwa. Adrienne, Alex, Alexandra, Ashley, Carla, Charlotte, Claire, Ed, Irene, James, John, Martin, Phil, Sharon, Sofía y Vivek también fueron de gran ayuda al compartir sus historias.

Gracias a Jill Marsal, que fue una de las primeras en creer en este libro y me brindó maravillosos consejos y orientación en el camino, y a Emily Taber por ver el potencial de mi manuscrito y por su ayuda para darle forma y mejorarlo en todos los aspectos, grandes y pequeños.

Un enorme agradecimiento a AJ Harper y a Laura Stone por todas las preguntas que respondieron, por su buen humor y por dejarme siempre la luz encendida. Y al Top Three Book Writing Group, gracias por la maravillosa comunidad y el apoyo.

Apéndice:

Recursos adicionales

Resulta difícil seleccionar solo unos pocos recursos entre los muchos disponibles para profundizar en los temas que abordamos en mis programas. A continuación, presento una lista relativamente breve de algunos de los libros que más recomiendo. Si quieres ver una lista más extensa y en constante actualización con recursos adicionales, como libros, artículos, discursos, pódcasts, vídeos y películas, visita www.margaretandrews.com/mylobookresources.

Entiéndete a ti mismo

Intuición: Por qué no somos tan conscientes como pensamos y cómo el vernos claramente nos ayuda a tener éxito en el trabajo y en la vida, de Tasha Eurich (Harper Collins, 2018).

Values Clarification: A Practical, Action-Directed Workbook (Clarificación de valores: una guía práctica orientada a la acción), por los dres. Sidney B. Simon, Leland W. Howe, y Howard Kirschenbaum (Grand Central, 1995).

Emocional: Cómo los sentimientos moldean nuestro pensamiento, de Leonard Mlodinow (Paidós, 2023).

Gestiónate a ti mismo

The Anxious Achiever: Turn Your Biggest Fears into Your Leadership Superpower (El triunfo ansioso: convierte tus mayores miedos en un superpoder), de Morra Aarons-Mele (Harvard Business Review Press, 2023).

Perfect Attendance: Being Present for Life (Atención plena: estar presente para la vida), de Harriet Stein (Big Toe in the Water, 2023).

Cómo cortar con tu móvil, de Catherine Price (Grijalbo, 2018).

Liderar a los demás

Difficult Conversations: How to Discuss What Matters Most (Conversaciones difíciles: cómo hablar de lo que verdaderamente importa), por Douglas Stone, Bruce Patton, Sheila Heen y Roger Fisher (Penguin, 2023).

Good Team, Bad Team: Lead Your People to Go After Big Challenges, Not Each Other (Buen equipo, mal equipo: dirige a tus empleados al éxito, no al conflicto), de Sarah Thurber y Blair Miller (Page Two, 2024).

Conecta: Cómo trabajar (y llevarse bien...) con cualquier persona, de Amy Gallo (Profit, 2023).

Gestionar hacia arriba

Managing Up: How to Move Up, Win at Work, and Succeed with Any Type of Boss (Gestionar a tus superiores: cómo ascender, triunfar en el trabajo y tener éxito con cualquier tipo de jefe), de Mary Abbajay (Wiley, 2018).

Administre a su jefe, de John J. Gabarro y John P. Kotter (Harvard Business Review Press, 2008).

Influencing Up (Influenciar a tus superiores), de Allan R. Cohen y David L. Bradford (Wiley, 2012).

Descifrar la cultura organizativa

La cultura empresarial y el liderazgo: una visión dinámica, de Edgar H. Schein (con Peter Schein) (Plaza & Janés, 1988).

The Corporate Culture Survival Guide (Guía de supervivencia de la cultura corporativa), de Edgar H. Schein y Peter A. Schein (Wiley, 2019).

Immunity to Change: How to Overcome It and Unlock the Potential in Yourself and Your Organization (Inmunidad al cambio: cómo supercar los bloqueos al desarrollo personal y profesional), de Robert Kegan y Lisa Laskow Lahey (Harvard Business Review Press, 2009).

Desentrañar los retos del liderazgo

The Great Mental Models: General Thinking Concepts (Grandes modelos mentales: conceptos generales del pensamiento), de Shane Parrish (Portfolio, 2024).

Defining Moments: When Managers Must Choose Between Right and Right (Momentos decisivos: cuando los gerentes deben elegir), de Joseph L. Badaracco (Harvard Business Review Press, 2016).

Both/And Thinking: Embracing Creative Tensions to Solve Your Toughest Problems (Pensamiento paradójico: cómo abrazar las tensiones creativas para resolver tus problemas), de Wendy K. Smith y Marianne W. Lewis (Harvard Business Review Press, 2022).

Recuperarse de los contratiempos, superar los obstáculos y desarrollar resiliencia

The Resilience Plan: A Strategic Approach to Optimizing Your Work Performance and Mental Health (El plan de resiliencia: un enfoque estratégico para optimizar tu rendimiento laboral y tu salud mental), de Marie-Helene Pelletier (Page Two, 2024).

Big Feelings: How to Be Okay When Things Are Not Okay (Grandes emociones: cómo estar bien cuando nada está bien), de Liz Fosslien y Mollie West Duffy (Portfolio, 2022).

Agridulce; la fuerza de la melancolía en un mundo que rehúye la tristeza, de Susan Cain (Urano, 2022).

Notas

Capítulo 1: ¿Cómo reconocer un buen liderazgo?

1. Charles Riborg Mann, «A Study of Engineering Education» (Un estudio de ingeniería educativa), *Carnegie Foundation for the Advancement of Teaching, Bulletin* 11 (1918), 106–108.

2. Daniel Goleman, «What Makes a Leader» (Lo que hace a un líder), *Harvard Business Review*, enero de 2004, https://hbr.org/2004/01/what-makes-a-leader.

3. Stephen M. R. Covey, *La velocidad de la confianza* (Paidós, 2024).

4. Linda Hill, «Becoming the Boss» (Convertirse en el jefe), Harvard Business Review, enero de 2007, https://hbr.org/2007/01/becoming-the-boss.

5. Mirjam A. Tuk, Sonja Prokopec y Bram Van den Bergh, «Do Versus Don't: The Impact of Framing on Goal-Level Setting» (Hacer frente a no hacer: el impacto del enfoque en la fijación de metas), *Journal of Consumer Research* 47, n.º 6 (2021): 1003–1024, https://doi.org/10.1093/jcr/ucaa050.

Capítulo 2: Creciendo como líderes (y qué sucede cuando no lo hacemos)

1. Charles Handy, *The Empty Raincoat: Making Sense of the Future* (El impermeable vacío: dándole sentido al futuro) (Hutchinson, 1994), 50.

2. Marshall Goldsmith, *What Got You Here Won't Get You There* (Lo que te trajo aquí no te llevará allá) (Hyperion, 2007), 10.

3. Herminia Ibarra, «The Authenticity Paradox» (La paradoja de la autenticidad), *Harvard Business Review*, enero-febrero de 2015, https://hbr.org/2015/01/the-authenticity-paradox.

4. Jean Brittain Leslie y Ellen Van Velsor, «A Look at Derailment Today: North America and Europe» (Una mirada al descarrilamiento: América del Norte y Europa), Center for Creative Leadership, 1996, 6–12.

5. Joyce Hogan, Robert Hogan y Robert Kaiser, «Management Derailment: Personality Assessment and Mitigation» (Descarrilamiento gerencial: evaluación de la personalidad y mitigación), www.hoganassessments.com/sites/default/files/Management%20Derailment%205-1-l2009%20%282%29_0.pdf (también aparece como un capítulo en el *APA Handbook of Industrial and Organizational Psychology* [Manual de Psicología Industrial y Organizacional de la APA] [2010]); Michael M. Lombardo y Cynthia D. McCauley, «The Dynamics of Management Derailment» (Las dinámicas del descarrilamiento gerencial), Informe Técnico 34, Center for Creative Leadership (julio de 1988), 3; Morgan W. McCall Jr. y Michael M. Lombardo, «Off the Track: Why and How Successful Executives Get Derailed» (Fuera de pista: por qué y cómo los ejecutivos exitosos descarrilan), Informe Técnico 21, Center for Creative Leadership (1983), 7; Ellen Van Velsor y Jean Brittain Leslie, «Why Executives Derail: Perspectives Across Time and Cultures» (Por qué descarrilan los ejecutivos: perspectivas a través del tiempo y las culturas), *Academy of Management Executive* 9, n.º 4 (1995): 63–69.

6. Van Velsor y Leslie, «Why Executives Derail» (Por qué descarrilan los ejecutivos).

7. Lombardo y McCauley, «Dynamics of Management Derailment» (Las dinámicas del descarrilamiento gerencial).

8. Hogan, Hogan y Kaiser, «Management Derailment» (Descarrilamiento gerencial); Jim Harter, «U.S. Employee Engagement Needs a Rebound in 2023» (El compromiso de los empleados en Estados Unidos necesita repuntar en 2023), Workplace, Gallup Organization, www.gallup.com/workplace/468233/employee-engagement-needs-rebound-2023.aspx; Randall Beck y Jim Harter, «Managers Account for 70 % of Variance in Employee Engagement» (Los gerentes explican el 70 % de la variación en el compromiso de los empleados), *Business Journal*, 21 de abril de 2015, https://news.gallup.com/businessjournal/182792/managers-account-variance-employee-engagement.aspx.

9. Chris Westfall, «Leadership Development Is a $366 Billion Industry: Here's Why Most Programs Don't Work» (El desarrollo de liderazgo es una industria de 366 mil millones de dólares: he aquí por qué la mayoría de los programas no funcionan), *Forbes*, 20 de junio de 2019, www.forbes.com/sites/chriswestfall/2019/06/20/leadership-development-why-most-programs-dont-work/?sh=3fdd2ce061de; «Size of the Training Industry» (El tamaño de la industria de la formación), TrainingIndustry.com, 29 de marzo de 2021, https://trainingindustry.com/wiki/learning-services-and-outsourcing/size-of-training-industry; «Global Corporate Leadership Training Market 2022–2028 Size by Manufactures, Applications, Types, Growth, Status, and Outlook» (Mercado global

de formación en liderazgo corporativo 2022-2028…), *Absolute Reports*, 22 de marzo de 2022, www.globenewswire.com/en/news-release/2022/03/22/2407247/0/en/ Global-Corporate-Leadership-Training-Market-2022-2028-Size-by-Manufactures-Applications-Types-Growth-Status-and-Outlook.html; «Preparing for the Future with Complementary Leadership» (Preparándose para el futuro con un liderazgo complementario), informe de investigación de Gartner, 2020, www.gartner.com/en/ human-resources/trends/reshaping-leadership-to-prepare-for-the-future#:~:text=To%20cultivate%20a%20strong%20leadership,and%20lead%20in%20 critical%20areas.

10. Jon Clifton, «Gallup: Economic Growth Is Slowing: How Should Managers Respond?» (Gallup: el crecimiento económico se está desacelerando, ¿cómo deberían responder los gerentes?), *Workplace*, Gallup Organization, 13 de junio de 2023, www.gallup.com/workplace/506825/economic-growth-slowing-leaders-respond.aspx?utm_source=workplace&utm_medium=email&utm_campaign=gallup_at_work_newsletter_send_1_june_06132023_test_a&utm_term=newsletter&utm_content=read_more_cta_1.

Capítulo 3: Entiéndete a ti mismo

1. Tasha Eurich, *Intuición* (Harper Business, 2017).

2. David Dunning, Chip Heath y Jerry Suls, «Flawed Self-Assessment: Implications for Health, Education, and the Workplace» (Autoevaluación errónea: implicaciones para la salud, la educación y el lugar de trabajo), *Psychological Science in the Public* Interest 5, n.º 3 (2004): 69–106; Eurich, *Intuición*.

3. Erica Sloan, «6 Signs That a Person Lacks Self-Awareness—and Why That Could Be a Problem» (6 señales de que una persona carece de autoconciencia y por qué eso podría ser un problema), WellandGood.com, 21 de febrero de 2023, www.wellandgood.com/lifestyle/signs-low-self-awareness; Travis Bradberry, «Emotional Intelligence Habits: Change Your Habits, Change Your Life» (Hábitos de inteligencia emocional: cambia tus hábitos, cambia tu vida) (TalentSmartEQ, 2023), 16–18; Kendra Cherry, «Signs of Low Emotional Intelligence» (Señales de baja inteligencia emocional), VeryWellMind.com, 12 de julio de 2020, www.verywellmind.com/signs-of-low-emotional-intelligence-2795958; Robert Hogan y Rodney Warrenfeltz, «Educating the Modern Manager» (La educación del gerente moderno), *Academy of Learning and Education* 2, n.º 1 (2003): 74–84.

4. «Detecting Derailers: Recognizing the Warning Signs Before High-Potential Leaders or New Hires Go Off Track» (Detectando factores de descarrilamiento: reconocer las señales de advertencia antes de que los líderes o las nuevas

contrataciones se desvíen), Korn Ferry Institute, 2014, www.kornferry.com/
content/dam/kornferry/docs/article-migration/Korn-Ferry_Institute_Detecting-
derailers.pdf.

Capítulo 4: Gestiónate a ti mismo

1. Jennifer Porter, «How to Move from Self-Awareness to Self-Improvement»
(Cómo pasar del autoconocimiento a la automejora), *Harvard Business Review*, 19
de junio de 2019, https://hbr.org/2019/06/how-to-move-from-self-awareness-to-
self-improvement.

2. «What Are Emotions?» (¿Qué son las emociones?), Paul Ekman Group, www.
paulekman.com/universal-emotions/#:~:text=In%20other%20words%2C%20
emotions%20prepare,just%20happen%20to%20us%20automatically; Kendra
Cherry, «Emotions and Types of Emotional Responses» (Las emociones y los
tipos de respuestas emocionales), *Very Well Mind*, 29 de junio de 2023, www.
verywellmind.com/what-are-emotions-2795178.

3. *The Atlas of Emotion* (El atlas de la emoción), https://atlasofemotions.
org/#continents; Heather C. Lench (ed.), *The Function of Emotions: When and Why
Emotions Help Us* (La función de las emociones: cuándo y por qué nos ayudan)
(Springer, 2018); «What Are Emotions?» (¿Qué son las emociones?).

4. Susan David, «The Gift and Power of Emotional Courage» (El don y el poder
de la valentía emocional), TED Talk, TEDWomen, noviembre de 2017, www.ted.
com/talks/susan_david_the_gift_and_power_of_emotional_courage.

5. Tasha Eurich, «What Self-Awareness Really Is (and How to Cultivate It)»
(Qué es realmente la autoconciencia y cómo cultivarla), *Harvard Business Review*,
4 de enero de 2018, https://hbr.org/2018/01/what-self-awareness-really-is-and-
how-to-cultivate-it; Tasha Eurich, «Working with People Who Aren't Self-Aware»
(Cómo trabajar con personas que no son autoconscientes), *Harvard Business
Review*, 19 de octubre de 2018, https://hbr.org/2018/10/working-with-people-
who-arent-self-aware.

6. Steven Stosny, «Self-Regulation» (La autorregulación), *Psychology Today*, 28 de
octubre de 2011, www.psychologytoday.com/us/blog/anger-in-the-age-
entitlement/201110/self-regulation.

7. «William James» (Citas de William James), Goodreads, www.goodreads.com/
quotes/108925-actions-seems-to-follow-feeling-but-really-actions-and-feeling.

8. Amal Ahmadi y Bernd Vogel, «Knowing but Not Enacting Leadership:
Navigating the Leadership Knowing-Doing Gap in Leveraging Leadership

Development» (Saber pero no ejercer el liderazgo: cómo navegar la brecha entre el saber y el hacer para potenciar el desarrollo de líderes), *Academy of Management Learning & Education* 22, n.º 3 (2023): 507–530, https://doi.org/10.5465/amle.2020.0534.

9. Todd Herman, *The Alter Ego Effect: The Power of Secret Identities to Transform Your Life* (El efecto álter ego: el poder de las identidades secretas para transformar tu vida) (HarperCollins, 2019), 33.

Capítulo 5: Liderar a los demás

1. Ed Catmull, *Creatividad S.A.* (Conecta, 2024).

2. Timothy A. Judge, Ronald F. Piccolo, Nathan P. Podsakoff, John C. Shaw y Bruce L. Rich, «The Relationship Between Pay and Job Satisfaction: A Meta-Analysis of the Literature» (La relación entre el salario y la satisfacción laboral: un metaanálisis de la bibliografía), *Journal of Vocational Behavior* 77 (2010): 157–167.

3. Tomas Chamorro-Premuzic, «Does Money Really Affect Motivation? A Review of the Research» (¿Afecta realmente el dinero a la motivación? Una revisión de la investigación), *Harvard Business Review*, 10 de abril de 2013, https://hbr.org/2013/04/does-money-really-affect-motiv.

4. Lou Soloman, «Becoming Powerful Makes You Less Empathetic» (Volverse poderoso te hace menos empático), *Harvard Business Review*, 21 de abril de 2015, https://hbr.org/2015/04/becoming-powerful-makes-you-less-empathetic.

5. Citado en Yasmin Anwar, «Why Does Power Make Us Lose Our Way?» (¿Por qué el poder nos hace perder el rumbo?), *University of California News*, 17 de mayo de 2016, www.universityofcalifornia.edu/news/why-does-power-make-us-lose-our-way.

6. Mark Goulston y John Ullmen, *Real Influence: Persuade Without Pushing and Gain Without Giving In* (Influencia real: persuadir sin presionar y ganar sin ceder) (AMACOM, 2013), 93–106.

7. Stephanie Neal, Rosey Rhyne, Jazmine Boatman, Bruce Watt y Mindy Yeh, «Global Leadership Forecast 2023» (Previsión de liderazgo global 2023), 10, www.ddiworld.com/global-leadership-forecast-2023.

8. Andrew Molinsky y Joshua Margolis, «Necessary Evils and Interpersonal Sensitivity in Organizations» (Los males necesarios y la sensibilidad interpersonal en las organizaciones), *Academy of Management* Review 30, n.º 2 (2005): 245–268.

9. Martha Legace, «Conducting Layoffs: "Necessary Evils" at Work» (Cómo llevar a cabo despidos: los «males necesarios» en el trabajo), *Harvard Business School Working Knowledge*, 6 de julio de 2009, www.library.hbs.edu/working-knowledge/conducting-layoffs-necessary-evils-at-work.

Capítulo 6: Gestionar hacia arriba

1. Joyce Hogan, Robert Hogan y Robert Kaiser, «Management Derailment: Personality Assessment and Mitigation» (Descarrilamiento gerencial: evaluación de la personalidad y mitigación), www.hoganassessments.com/sites/default/files/Management%20Derailment%205-1-l2009%20%282%29_0.pdf.

2. Lindsey Leake, «Senior Leaders Are Up to 12× More Likely to Be Psychopaths—How to Spot an Abusive Boss» (Los líderes séniores tienen hasta 12 veces más probabilidades de ser psicópatas: cómo detectar a un jefe abusivo), *Fortune*, 12 de julio de 2024, https://fortune.com/well/article/workplace-abuse-toxic-boss-psychopath; Harris Poll, «Toxic Bosses Survey: What They Do & How We Cope» (Encuesta sobre jefes tóxicos: qué hacen y cómo lo sobrellevamos), octubre de 2023, https://theharrispoll.com/wp-content/uploads/2023/10/Toxic-Bosses-Survey-October-2023.pdf.

3. Christine Porath y Christine Pearson, «The Price of Incivility» (El precio de la falta de civismo), Harvard Business Review, enero-febrero de 2013, https://hbr.org/2013/01/the-price-of-incivility.

4. «Thich Nhat Hanh» (Citas de Thich Nhat Hanh), Goodreads, www.goodreads.com/quotes/4310-when-another-person-makes-you-suffer-it-is-because-he.

5. «Dave Willis» (Citas de Dave Willis), Goodreads, www.goodreads.com/quotes/7419009-show-respect-to-people-who-don-t-even-deserve-it-not.

Capítulo 7: Descifrar la cultura organizativa

1. Boris Groysberg, Jeremiah Lee, Jesse Price y J. Yo-Jud Cheng, «The Leader's Guide to Corporate Culture» (La guía del líder sobre la cultura corporativa), *Harvard Business Review*, enero-febrero de 2018, https://store.hbr.org/product/the-leader-s-guide-to-corporate-culture/S18010?sku=S18010-PDF-ENG.

2. Edgar H. Schein y Peter A. Schein, *La cultura empresarial y el liderazgo* (Plaza & Janés, 1988).

3. *Ibid.*

4. Citado en Lindsey Leake, «Senior Leaders Are Up to 12× More Likely to Be Psychopaths—How to Spot an Abusive Boss» (Los líderes séniores tienen hasta

12 veces más probabilidades de ser psicópatas: cómo detectar a un jefe abusivo), *Fortune*, 12 de julio de 2024, https://fortune.com/well/article/workplace-abuse-toxic-boss-psychopath.

5. *Op. cit.*

6. Donald Sull y Charles Sull, «10 Things Your Corporate Culture Needs to Get Right» (10 cosas que tu cultura corporativa necesita hacer bien), *MIT Sloan Management Review*, 16 de septiembre de 2021, https://sloanreview.mit.edu/article/10-things-your-corporate-culture-needs-to-get-right.

7. Stanley Holmes, «Gates Admits Grim Defeat, Urges Staff to Maintain Focus» (Gates admite una amarga derrota e insta al personal a mantener la concentración), *Los Angeles Times,* 9 de junio de 2000, www.latimes.com/archives/la-xpm-2000-jun-09-fi-39117-story.html.

8. Kurt Eichenwald, «Microsoft's Lost Decade» (La década perdida de Microsoft), *Vanity Fair*, 24 de julio de 2012, https://archive.vanityfair.com/article/2012/8/microsofts-lost-decade.

9. Steve Ballmer a los empleados de Microsoft, 11 de julio de 2013, One Microsoft, https://news.microsoft.com/2013/07/11/one-microsoft-company-realigns-to-enable-innovation-at-greater-speed-efficiency-2.

10. Satya Nadella, *Pulsa actualizar* (Harper Collins, 2017).

11. Satya Nadella a los empleados de Microsoft, 4 de febrero de 2014, «ASUNTO: Satya Nadella, el nuevo director ejecutivo de Microsoft», https://news.microsoft.com/2014/02/04/satya-nadella-email-to-employees-on-first-day-as-ceo.

12. Boris Groysberg, Jeremiah Lee, Jesse Price y J. Yo-Jud Cheng, «The Leader's Guide to Corporate Culture» (La guía del líder sobre la cultura corporativa), *Harvard Business Review*, enero-febrero de 2018, 9–10.

Capítulo 8: Desentrañar los retos del liderazgo

1. Sally Raskoff, «Interpreting Research Results: Probabilities, Not Certainties» (Interpretación de los resultados de una investigación: probabilidades, no certezas), Everyday Sociology Blog, 1 de mayo de 2014, www.everydaysociologyblog.com/2014/05/interpreting-research-results-probabilities-not-certainties.html.

2. «Coffee» (Café), Nutrition Source, https://nutritionsource.hsph.harvard.edu/food-features/coffee/.

3. Karen Sternheimer, «Why Social Science Research Matters» (Por qué importa la investigación en ciencias sociales), Everyday Sociology Blog, 1 de julio de 2019, www.everydaysociologyblog.com/2019/07/why-social-science-research-matters.html.

4. Teresa M. Amabile, «How to Kill Creativity» (Cómo matar la creatividad), *Harvard Business Review*, septiembre-octubre de 1998, https://hbr.org/1998/09/how-to-kill-creativity.

Capítulo 9: Recuperarse de los contratiempos, superar los obstáculos y desarrollar resiliencia

1. Steve Jobs, «"You've Got to Find What You Love," Jobs Says» («Tienes que encontrar lo que amas», dice Jobs), discurso de graduación de la Universidad de Stanford de 2005, Stanford Report, 12 de junio de 2005, https://news.stanford.edu/stories/2005/06/youve-got-find-love-jobs-says.

2. Andrea Ovans, «What Resilience Means, and Why It Matters» (Qué significa la resiliencia y por qué importa), *Harvard Business Review*, 5 de enero de 2015, https://hbr.org/2015/01/what-resilience-means-and-why-it-matters.

3. «Building Your Resilience» (Construyendo tu resiliencia), American Psychological Association, 1 de enero de 2012, www.apa.org/topics/resilience/building-your-resilience.

4. Gina Kolata, «Long Overlooked, Kati Kariko Helped Shield the World from the Coronavirus» (Ignorada durante mucho tiempo, Kati Kariko ayudó a proteger al mundo del coronavirus), *The New York Times*, 8 de abril de 2021, actualizado el 17 de abril de 2021, www.nytimes.com/2021/04/08/health/coronavirus-mrna-kariko.html; Benjamin Mueller y Gina Kolata, «Nobel Prize Awarded to COVID Vaccine Pioneers» (Premio Nobel otorgado a los pioneros de la vacuna contra la COVID), *The New York Times*, 2 de octubre de 2023, actualizado el 3 de octubre de 2023, www.nytimes.com/2023/10/02/health/nobel-prize-medicine.html.

Capítulo 10: Visión a largo plazo

1. Marianne Williamson, *Volver al amor* (Ediciones Urano, 2011).